知行 财经类专业规划教材

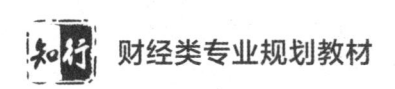

管理会计实训

第二版

胡向丽　杨红姣 ◎ 主　编

袁海英　◎ 副主编

TRAINING FOR MANAGEMENT ACCOUNTING

上海财经大学出版社

图书在版编目(CIP)数据

管理会计实训/胡向丽,杨红姣主编．—2版．—上海:上海财经大学出版社,2023.8
(知行·财经类专业规划教材)
ISBN 978-7-5642-4219-0/F·4219

Ⅰ.①管… Ⅱ.①胡…②杨… Ⅲ.①管理会计-教材 Ⅳ.①F234.3

中国国家版本馆CIP数据核字(2023)第136774号

□ 责任编辑　徐　超
□ 联系信箱　1050102606@qq.com
□ 封面设计　贺加贝

管理会计实训
(第二版)

胡向丽　杨红姣　主　编
袁海英　副主编

上海财经大学出版社出版发行
(上海市中山北一路369号　邮编200083)
网　　址:http://www.sufep.com
电子邮箱:webmaster @ sufep.com
全国新华书店经销
上海叶大印务发展有限公司印刷装订
2023年8月第2版　2023年8月第1次印刷

787mm×1092mm　1/16　9.25印张　237千字
印数:7 111—10 110　定价:39.00元

前　言

2018年9月，习近平总书记在全国教育大会上指出，要把立德树人融入思想道德教育、文化知识教育、社会实践教育各环节，贯穿基础教育、高等教育各领域，学科体系、教学体系、教材体系、管理体系要围绕这个目标来设计，教师要围绕这个目标来教，学生要围绕这个目标来学。2022年10月《中共中央关于认真学习宣传贯彻党的二十大精神决定》，要求全党全国各族人民高举中国特色社会主义伟大旗帜，全面贯彻习近平新时代中国特色社会主义思想，深刻领会过去5年的工作和新时代10年的伟大变革。

随着经济环境越来越复杂，企业的经营管理面临越来越多的不确定性。管理会计作为一种重要的企业管理工具，在企业管理中的重要作用越来越凸显。

本教材坚持将企业管理与职业道德、社会责任、法律法规等结合起来，引导学生有高度地分析、思考和理解相关专业问题。以管理会计本科课程教学要求为参考，以培养应用型人才为宗旨，强化管理会计方法理论的实践应用。通过适量的实训案例和习题，着重培养学生分析问题、解决问题的能力，并在分析问题的过程中体会企业管理人员的职业道德要求、法律法规约束和承担的企业社会责任约束，培育学生经世济民、诚信服务、德法兼修的职业素养。

本实训教材在内容编排上，结合管理会计课程教学的要求，主要包括管理会计基本理论、成本性态分析、变动成本法、作业成本法、本量利分析、预测分析、短期经营决策、长期投资决策、标准成本法、预算管理和业绩评价等实训内容，方便读者根据需要选择应用。

教材编写过程中，着重考虑读者的阅读需求，循序渐进地展开。每章开始都设置了本章知识结构图，帮助读者从总体上回顾和把握有关知识。然后通过一些有代表性的习题，加深读者对有关知识的理解和掌握。接下来在给出丰富典型的实训任务之前，通过案例分析示例，为读者提供分析实训任务的思路和方法，供读者进行后续的实训练习参考。最后给出了一些思考题，希望读者能够对本章知识的应用进行回顾和思考，开拓思路。

本教材由文华学院多年从事相关教学研究工作的老师编写，胡向丽老师和杨红姣老师为主编，袁海英老师为副主编。杨红姣老师负责编写实训一至实训四，胡向丽负责编写实训五至实训十，袁海英老师负责编写实训十一及相关内容的校对和修改。

本教材可以作为应用型本科院校经济管理类专业的管理会计实训课程教材,也可供有关工作人员自学使用。

本教材编写和修订过程中,引用、参考了许多国内外专家学者的专著、教材和研究成果,在此表示衷心的感谢。由于编者水平有限,教材修订中难免存在失误乃至谬误之处,敬请读者谅解,并一如既往地提出宝贵意见,让本教材在不断的修订中臻于完善。

编 者

2023 年 6 月

目 录

实训一 管理会计基本理论 ····································· 1
【知识结构图】 ··· 1
【知识的理解与运用】 ··· 1
【案例分析指南】 ·· 2
【案例分析】 ·· 2
示例 战略成本管理在青岛啤酒的运用 ································ 3
任务一 管理会计新思维助零售业转型——永辉超市 ············· 5
任务二 礼物与利益冲突 ·· 6
【问题思考】 ·· 6

实训二 成本分类及成本性态分析 ·································· 7
【知识结构图】 ··· 7
【知识的理解与运用】 ··· 7
【案例分析】 ·· 8
示例 美林公司车间维修费分解及应用 ································ 8
任务一 马林公司的成本分析 ·· 11
任务二 加纳公司的订单决策 ·· 11
任务三 美兰公司电费混合成本的分解 ································ 12
任务四 甲公司的混合成本分析 ··· 13
任务五 分解森公司的制造费用 ··· 14
【问题思考】 ·· 14

实训三　变动成本法

【知识结构图】　15

【知识的理解与运用】　15

【案例分析】　17

　　示例　两张利润表的差异　17

　　任务一　某电冰箱公司的亏损问题　18

　　任务二　我喜欢挑战　19

　　任务三　李国昌的决策问题　20

　　任务四　玛利亚·卡夫的产品成本计算　22

　　任务五　会计助理小王的问题　23

【问题思考】　24

实训四　作业成本法

【知识结构图】　25

【知识的理解与运用】　25

【案例分析】　27

　　示例　Valport 公司的经营困境　27

　　任务一　波兰特电力公司的成本核算及决策　30

　　任务二　开开公司冰箱停产决策　32

　　任务三　DL 公司作业成本法应用实例　33

【问题思考】　38

实训五　本量利分析

【知识结构图】　39

【知识的理解与运用】　39

【案例分析】　41

　　示例　金鑫公司本量利的敏感性分析　41

　　任务一　大发搬家公司的降价决策　44

　　任务二　度假村的经营决策　45

　　任务三　红云鞋厂的经营决策　45

　　任务四　当代剧院的经营决策　46

任务五　莱恩公司的加薪决策 ·· 50

　　任务六　华夏电动车公司的降价决策 ·· 50

　　任务七　戴维的数据报告有问题吗？ ·· 52

　　任务八　迈克的困惑 ·· 52

【问题思考】 ··· 53

实训六　预测管理 ·· 54

【知识结构图】 ··· 54

【知识的理解与运用】 ··· 54

【案例分析】 ··· 56

　　示例　销售预测 ·· 56

　　任务一　蜀乐香辣酱厂的利润预测 ·· 57

　　任务二　环宇公司的销售预测 ·· 59

　　任务三　向阳模具厂制造费用预测 ·· 59

　　任务四　某铅笔公司目标成本法的应用 ·· 60

　　任务五　华联公司的营运资金需要量预测 ·· 63

【问题思考】 ··· 63

实训七　短期经营决策 ·· 64

【知识结构图】 ··· 64

【知识的理解与运用】 ··· 64

【案例分析】 ··· 66

　　示例　雅格尔公司进一步加工选择 ·· 66

　　任务一　精锐工业有限公司的经营决策 ·· 68

　　任务二　杉杉西服的停产决策 ·· 71

　　任务三　华跃公司的订单选择 ·· 72

　　任务四　F公司董事会的决策 ·· 73

　　任务五　海景公司如何开发新产品 ·· 74

　　任务六　甲公司的生产经营决策 ·· 75

　　任务七　中华保险公司削减汽车保险的决策 ·· 76

　　任务八　洗衣机售后维修单位选择决策 ·· 76

【问题思考】 …………………………………………………………………………………… 77

实训八　长期投资决策 …………………………………………………………………… 78

【知识结构图】 ………………………………………………………………………………… 78

【知识的理解与运用】 ………………………………………………………………………… 78

【案例分析】 …………………………………………………………………………………… 80

　　示例　SM公司的投资决策分析 ………………………………………………………… 80

　　任务一　红光实业公司的投资决策 ……………………………………………………… 82

　　任务二　宏达公司的投资决策 …………………………………………………………… 82

　　任务三　达能公司新建项目投资决策 …………………………………………………… 82

　　任务四　开开日用化学品公司投资决策分析 …………………………………………… 84

　　任务五　红光家具公司的货运卡车购置计划 …………………………………………… 86

　　任务六　不同排水技术方案的选择 ……………………………………………………… 87

　　任务七　房地产开发方案的选择决策 …………………………………………………… 87

　　任务八　W企业的投资决策 ……………………………………………………………… 87

【问题思考】 …………………………………………………………………………………… 88

实训九　全面预算 ………………………………………………………………………… 89

【知识结构图】 ………………………………………………………………………………… 89

【知识的理解与运用】 ………………………………………………………………………… 89

【案例分析】 …………………………………………………………………………………… 92

　　示例　展鹏公司财务预算 ………………………………………………………………… 92

　　任务一　嘉德公司全面预算 ……………………………………………………………… 98

　　任务二　舒柏公司的预算编制 …………………………………………………………… 99

　　任务三　张宏的预算任务 ………………………………………………………………… 101

　　任务四　制造企业预算的编制 …………………………………………………………… 103

　　任务五　开开公司预算编制 ……………………………………………………………… 104

　　任务六　约翰牙科诊所的财务困境 ……………………………………………………… 105

【问题思考】 …………………………………………………………………………………… 107

实训十　标准成本法 ·· 108
【知识结构图】 ·· 108
【知识的理解与运用】 ·· 108
【案例分析】 ··· 110
　　示例　美声公司的业绩分析 ··· 110
　　任务一　哈龙医药公司的成本控制问题 ··· 113
　　任务二　米勒玩具公司的成本差异 ··· 114
　　任务三　新兴机床附件厂成本控制 ··· 115
　　任务四　加斯皮尔公司的差异分析及决策 ·· 117
【问题思考】 ··· 118

实训十一　业绩评价与考核 ··· 119
【知识结构图】 ·· 119
【知识的理解与运用】 ·· 119
【案例分析】 ··· 124
　　示例　红商超市的经营分析 ··· 124
　　任务一　天启公司的财务业绩评价 ··· 127
　　任务二　三洋企业两个事业部的投资决策 ·· 127
　　任务三　经济增加值在业绩评价中的应用思考 ······································· 128
　　任务四　杰斯皮尔公司的分公司之间家具产品的定价转移策略 ················· 129
　　任务五　凯末尔公司的发动机转移价格确定 ·· 129
　　任务六　分厂经理的订单决策 ·· 130
【问题思考】 ··· 131

知识的理解与运用参考答案 ··· 132

参考文献 ··· 136

实训一　管理会计基本理论

【知识结构图】

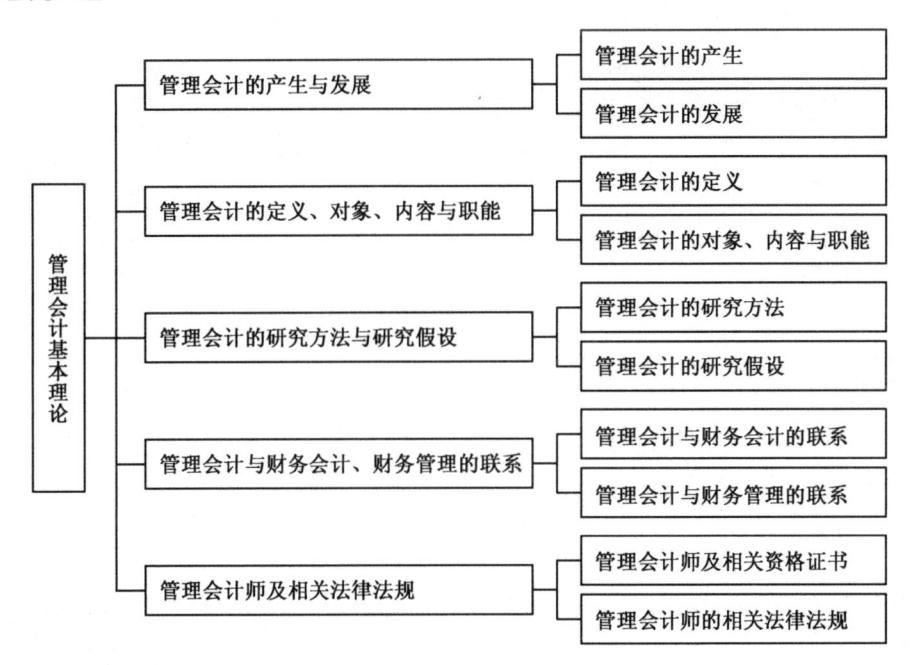

```
                           ┌─ 管理会计的产生与发展 ─┬─ 管理会计的产生
                           │                        └─ 管理会计的发展
                           │
                           ├─ 管理会计的定义、对象、内容与职能 ─┬─ 管理会计的定义
                           │                                    └─ 管理会计的对象、内容与职能
管理会计基本理论 ──────────┤
                           ├─ 管理会计的研究方法与研究假设 ─┬─ 管理会计的研究方法
                           │                                └─ 管理会计的研究假设
                           │
                           ├─ 管理会计与财务会计、财务管理的联系 ─┬─ 管理会计与财务会计的联系
                           │                                      └─ 管理会计与财务管理的联系
                           │
                           └─ 管理会计师及相关法律法规 ─┬─ 管理会计师及相关资格证书
                                                        └─ 管理会计师的相关法律法规
```

【知识的理解与运用】

一、单项选择题

1. 下列会计子系统中,能够履行管理会计"考核评价经营业绩"职能的是(　　)。
   A. 预测决策会计　　　　　　　　　　B. 规划控制会计
   C. 对外报告会计　　　　　　　　　　D. 责任会计

2. 会计是一个信息系统,(　　)是企业会计的两个重要领域。
   A. 预测与决策　　　　　　　　　　　B. 资产负债表与利润表
   C. 财务会计与管理会计　　　　　　　D. 对外报表与对内报表

3. 管理会计不要求(　　)的信息。
   A. 相对精确　　　　B. 及时　　　　C. 绝对精确　　　　D. 相关
4. 财务会计与管理会计的侧重点有所不同,其差别在于(　　)。
   A. 前者服务于企业外部的各种社会集团,后者服务于企业内部的经营管理
   B. 前者为企业债权人服务,后者为企业经理服务
   C. 前者的服务对象与企业无关,后者的服务对象与企业有关
   D. 前者只简单被动地记录反映企业的经营状况,后者则主动地反映企业的经营状况

二、多项选择题

1. 管理会计的职能包括(　　)。
   A. 参与经济决策　　　　　　B. 控制经济过程
   C. 规划经营目标　　　　　　D. 预测经济前景
   E. 考核评价经营业绩
2. 下列关于管理会计的叙述中,正确的有(　　)。
   A. 工作程序性较差　　　　　B. 可以提供未来信息
   C. 以责任单位为主体　　　　D. 必须严格遵循公认会计原则
   E. 重视管理过程和职工的作用
3. (　　)属于管理会计分析中常用的方法。
   A. 成本性态分析法　　　　　B. 边际分析法
   C. 折现的现金流量法　　　　D. 财务报表编制
4. 下列项目中,可以作为管理会计主体的有(　　)。
   A. 企业整体　　　B. 分厂　　　C. 车间　　　D. 班组
   E. 个人

三、判断题

1. 管理会计既能够提供财务信息,又能提供非财务信息;既提供定量信息,又提供定性信息;既提供部分的、有选择的信息,又提供全面的、系统的信息。　　　　　　(　　)
2. 管理会计受会计准则、会计制度的制约,同时企业也可根据管理的实际情况和需要确定。　　　　　　(　　)
3. 财务会计提供信息的形式非常规范,而管理会计提供信息的形式可以多种多样,方式方法灵活多样。　　　　　　(　　)
4. 财务会计提供的信息必须力求精确,而管理会计提供的信息可精可粗,更强调信息的及时性、合理性和适用性。　　　　　　(　　)

【案例分析指南】

分析案例,首先需要仔细阅读案例,通过仔细阅读案例识别案例中的问题,并针对问题进行分析,在分析的基础上提出对策建议。

1. 阅读案例

分析人员在得到案例材料后,需要仔细阅读案例,必要的时候也应根据自己的理解查阅有关背景资料和相关知识,明确案例所阐述的有关问题。在阅读案例的基础上,明确以下几个

问题：

(1) 角色定位

分析人员要明确决策者的角色定位，因为不同的角色对同一问题的分析角度是不同的，决策标准也是不同的。案例分析人员只有确定了自己的角色定位，才能确定自己给出解决问题方案的侧重点。

(2) 决策报告的使用者（阅读者）

分析人员要想给出恰当的决策报告，还需要通过仔细阅读案例材料，确定最终决策报告的使用者，因为决策报告的使用者决定了解决问题所选方案的基调。

(3) 企业的主要目标

分析人员要弄清楚企业的主要目标及目标的构成要素，这是分析问题给出建议的基础。企业所做的决策或解决问题方案的最终目的是有助于实现企业的最终目标。

2. 识别问题

通常情况下，案例会根据主要问题给出一些具体的分析要求，当然有些时候没有具体的分析提示。如何识别所给案例材料的主要问题是比较困难的一件事。多数时候我们认为的问题其实是更深层次问题的表现，这就需要我们抓住问题的根本进行分析。

对一些较复杂的案例材料，案例所展示的问题可能不止一个，这就需要我们对案例中的问题进行分析排序，理顺这些问题之间的关系，找出关键问题进行重点分析，通过解决关键问题来促进其他问题的顺利解决。

3. 分析问题

在确定问题的基础上，案例分析人员就可以对问题展开分析。分析问题的方法有两类：一类是定量分析，一类是定性分析。

定量分析是在假设条件下根据各项因素之间的数量关系建立数学模型来对相关问题进行分析的方法。大多数管理会计案例需要进行定量分析。案例分析人员在对案例问题进行识别的基础上，根据数据和问题的特点选择合适的方法进行案例分析。必要时还需要根据案例事实建立假设，在假设的条件下建立模型进行分析。

定性分析主要是依靠分析人员的知识、经验、预见能力，对企业的问题进行综合分析、判断的方法。在定性分析中应当包括对可供选择方案进行正反两面的考虑，对定量分析的阐述及对假设条件的说明。

4. 做出决策

案例分析只有在做出决策或给出建议后才算完成。并且根据分析结果给出的决策或建议必须是具有可操作性的，对有关方案的实施还要考虑成本效益和与企业总体目标的一致性。

总之，进行案例分析需要在认真阅读案例材料的基础上，识别案例中的主要问题，然后根据情况建立必要的假设条件，对有关问题进行定量和定性分析，最后在分析的基础上给出具体的建议。

【案例分析】

示例　战略成本管理在青岛啤酒的运用

青岛啤酒股份有限公司最初是由英、德商人于1903年创立的，至今已有一百多年的历史，其在1993于中国香港和上海上市，成为国内首家在两地同时上市的股份有限公司，其规模和市场份额是国内啤酒行业的翘楚,青岛啤酒更是成为国际啤酒市场最具知名度的中国品牌之一。

青岛啤酒股份有限公司自 1996 年采取低成本扩张战略,高额的改造费用致使公司的营业和管理费用剧增,为了改善公司成本状况,自 2001 年起,实施了一系列内部资源整合战略,旨在提高企业竞争力。从战略成本管理的角度看,公司已将自己的成本管理上升到了战略的高度。青岛啤酒股份有限公司的战略成本管理是应用桑科模式发展起来的,应用也比较成功,但还存在一些问题,于是公司寻求管理咨询公司进行诊断并进行了改进。

首先,对青岛啤酒的竞争力优势进行分析。青岛啤酒在国内啤酒市场上虽排名第一,但其市场占有率不到 13%,可见在开拓市场方面,青岛啤酒依旧面临巨大的市场竞争压力。由于没有一家厂商具备完全的定价能力,未来的价格战将会愈演愈烈,成本将成为青岛啤酒获取长期竞争优势的支撑。

其次,对青岛啤酒股份有限公司进行价值链分析。主要从内、外两个方面分析了青岛啤酒股份有限公司目前的价值链。对于内部价值链,公司进行了统一的物流供应链管理,对产品的仓储、转库由原先的单一控制转换为统一管理和控制,进行了一系列的整合、优化,降低了库存资金的占用及仓储和运输费。对于外部价值链,公司实现了经销商、供应商、分销商之间的协调一致,并将其与公司的计划相结合,形成了供应链管理,从而在成本控制、客户响应等方面创造了新价值。

再次,对青岛啤酒股份公司进行了战略定位分析。经过 SWOT 分析发现:其在品牌、政策、资金、技术、市场等重要方面都占据了优势,但是其营销和管理的成本却居高不下。传统成本管理往往注重与产品生产相关的成本,而对间接成本(比如管理成本)的控制缺乏手段,仅仅为了降低成本而降低成本,并没有对企业所面临的外部环境进行分析。针对这种现象,青岛啤酒股份公司在实施发展战略的具体过程中,不断树立大品牌形象,坚持走"低成本扩张、高起点发展"的道路,通过收购低档的大众市场小品牌,扩大市场,提高企业的影响力,同时主要通过中、高档产品来获利,在激烈的竞争中使品牌进一步做大做强。

最后,青岛啤酒在实施战略成本管理过程中与现代信息化技术的发展趋势相结合,建立了以 OracleARP 为核心的 ERP 信息系统,对公司总体业务的信息化进行规划,实现了公司业务的整合及资源的优化,提高了资源的利用效率,进而节约了企业的成本,提高了企业的竞争力。

资料来源:https://www.docin.com/p-1745391550.html。

[要求]
根据青岛啤酒战略成本管理实施的案例,说一说青岛啤酒战略成本管理成功的原因。

[分析]
在战略成本管理中要把握一个中心和三个方法维度:一个中心是指战略成本管理要以获取并保持企业的长期竞争优势为中心,这是企业生存发展的命脉;三个方法维度具体指的是价值链分析、战略定位分析、成本动因分析。该三个方法维度实质是企业战略成本管理的三个工具,首先企业要从战略的角度分析企业成本产生于哪些方面,了解企业的成本构成,主要包括内部价值链成本分析和外部价值链成本分析;然后根据市场和行业环境进行定位分析,确定企业采取的成本主导战略,从而确定成本管理的方向;竞争战略确定后企业进行成本动因分析,寻求成本发生的根源,进而寻求降低成本的战略途径,来辅助形成企业长期竞争优势。

青岛啤酒股份公司在实施战略成本管理过程中,充分意识到了战略成本管理的重要性,把握了一个中心和三个方法维度,实现了从单纯的成本降低到成本避免与竞争力相结合的转变。

在战略成本管理模式中注重有效管理和控制，对原先的业务流程和管理信息系统进行彻底改变，从而全面提高企业效率，节省企业的管理费用。最后，青岛啤酒在实施战略成本管理过程中与现代信息化技术的发展趋势相结合，建立了以 OracleARP 为核心的 ERP 信息系统，对公司总体业务的信息化进行规划，实现了公司业务的整合及资源的优化，提高了资源的利用效率，进而节约了企业的成本，提高了企业的竞争力。

任务一　管理会计新思维助零售业转型——永辉超市

全球化趋势加快使得我国的诸多行业正在以前所未有的速度发展，"互联网＋"时代的到来为电商腾飞带来了技术支撑，一定程度上影响了传统零售业的经营模式。据报道，2015年我国零售业依然存在竞争过度的现象，整个行业盈利艰难。尽管如此，永辉超市仍然以惊人的业绩增长在零售行业中脱颖而出，迅速发展。通过对永辉超市运营过程中的诸多决策进行分析，不难发现，充分利用管理会计思维，能够帮助管理者进行高效、准确的短期经营决策，合理进行企业预算，实现成本控制，最终提升核心竞争力。

"蓝海型战略管理会计"

永辉超市成立于 2001 年，于 2010 年上市并在此之后飞速发展。正是在这一阶段，永辉超市将重心转移，开始拓展"大卖场"，并取得了喜人的成绩。永辉超市在成立之初，就注意到零售业市场中一个由于运输、储藏要求高而不被重视的领域——生鲜、农产品市场，开始着手实施"蓝海型战略管理会计"。当时我国的零售业中，生鲜市场有着较高的准入门槛，对于生鲜产品的选购、存储和贩售都有着不同于其他产品的规定。永辉超市准确地抓住了这一市场空缺，在创办之初，"生鲜区"的经营面积就达到 50%～70%，主要的消费群体集中在家庭主妇和上班族，生鲜类产品的品种包括海鲜、农副产品、餐桌食品等。由于零售业在生鲜产品销售上存在空缺，使得永辉超市得以快速回转利润，实现了生鲜产品 12% 的毛利率，而传统零售业在生鲜产品上的回报几乎从未突破过 10%。"蓝海型战略管理会计"使永辉超市在零售业市场站稳了脚跟，为永辉超市的成功打下了基础。

短价值链结构下农超对接

从整个经营模式来看，永辉超市的纵向流程可以概括为：采购—物流—门店。正是由于特有的价值链形式，使之能够在采购和物流上采用本地化采购策略。对于农产品、生鲜产品而言，新鲜是永辉超市吸引消费者的最大优势。它借助短价值链结构压缩中间环节，实现农超对接战略，产品直接从农户手中获取。如今，永辉超市已经开始自己建设生产基地，以保证生鲜产品质量，控制产品成本，实现了采购和物流成本的有效控制，为后期的产品销售打下了基础。

预算管理实现采购销售一体化

市场环境的复杂性使得企业发展必须有合理的预算做保障，对零售行业而言，预算控制更加重要。永辉超市在生鲜、农产品采购过程中，保证了与农户的长期合作，在此基础上对采购数量进行相应调整，顺应市场变化，保证生鲜和农产品的质量要求。永辉超市很早便意识到了预算管理的重要性，设立了有效的全面预算管理机制，通过对市场环境的分析和掌握，建立科学、统一的预算管理体系，实现了内部管理水平和资源配置的优化，增加了抵御风险的能力。

成本控制为永辉超市发展打开新天地

对于永辉超市的"大卖场"经营来说，生鲜农产品市场的最大障碍在于毛利率很低，想要在零售业中得以发展并取得利润，成本控制几乎成了唯一的出路。永辉超市的成本控制主要有两项举措：首先是门店方面，永辉超市的扩展基本比较稳定，每年在全国各地都会有一定数量的门店开业，但为了控制成本，所有的门店几乎全部采用租赁的方式，基础设施建设严格按照公司的成本控制策略进行。其次，永辉超市借助自建生产基地，实现了产品采购的最优化，解决了生鲜、农产品行业最大的两个问题，即质量安全和成本低廉。通过高效的成本控制战略，永辉超市打破了传统零售业的毛利壁垒，创造了12%毛利率的销售神话。成本的有效控制无疑为永辉超市的扩大再生产提供了机会，对其后续发展意义重大。为了进行有效的成本控制，门店营业的高效和低损耗也是永辉发展过程中成本控制的一个特点。

"O2O"模式为发展插上翅膀

2015年12月8日，京东到家与永辉超市共同举办了主题为"生鲜到家"的业务对接启动仪式，宣告双方的业务合作落地。"O2O"模式的出现对我国市场中的诸多领域产生了影响，传统零售业的经营模式也在逐步变化。永辉超市最先发现了"O2O"模式对零售行业的影响并做出改变，在与京东的合作中，首次上线的产品主要包括生鲜和超市商品，周边的居民可以享受3公里范围内2小时送达的便捷服务。管理会计强调对市场环境的把控，而永辉超市通过对"O2O"平台的掌握，与京东合作，充分发挥了双方的优势。借助强大的供应链体系，结合直采直营模式，在充分保证生鲜产品、食品安全的基础上，可以提供给消费者健康、高质的优价商品。可以说，永辉超市拓展生鲜、农产品"O2O"市场，引发了传统零售业的又一次变革。

资料来源：http://www.chinacma.org/report/6842.html.

［要求］

根据永辉超市发展的介绍，分析永辉超市快速发展的原因。

任务二　礼物与利益冲突

王力是刚从某知名烹饪学院毕业的学生，被当地一家有名的餐厅聘用为首席厨师。王力工作了几个月后，这家餐厅的肉类供应商送给他六份高级牛排——价值约为500元——作为给"杰出客户"的礼物。王力对于这份礼物又惊又喜，他盼望着款待他的朋友一顿美味了。王力接受这份礼物对吗？一个新的厨师也许会认为这是理所当然的——但是这是错误的行为！这份礼物会使王力在选择供应商时失去客观的判断，他可能会因为这样的行为而被解雇。事实上，很多公司的行为准则中都明令禁止此类行为。

［要求］

请你对王力接受这份礼物进行利弊分析。

【问题思考】

管理会计如何随着管理实践和环境的发展变化而变化？它的发展趋势如何？

实训二　成本分类及成本性态分析

【知识结构图】

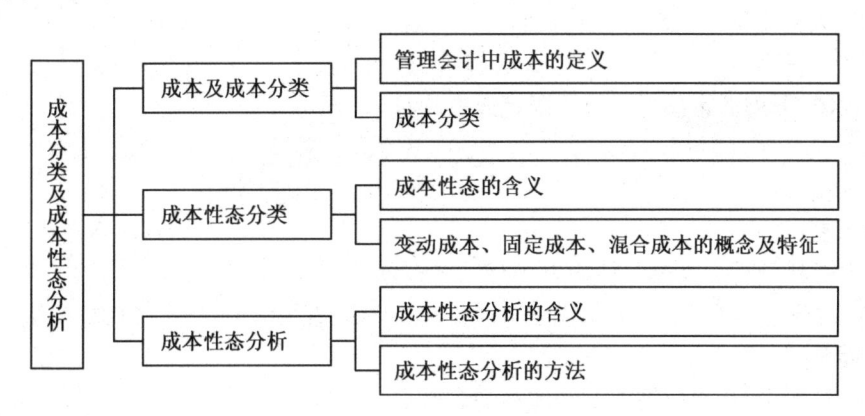

```
成本分类及成本性态分析
├── 成本及成本分类
│   ├── 管理会计中成本的定义
│   └── 成本分类
├── 成本性态分类
│   ├── 成本性态的含义
│   └── 变动成本、固定成本、混合成本的概念及特征
└── 成本性态分析
    ├── 成本性态分析的含义
    └── 成本性态分析的方法
```

【知识的理解与运用】

一、单项选择题

1. 将全部成本分为固定成本、变动成本和混合成本所采用的分类标志是(　　)。
   A. 成本的目标　　　　　　　　B. 成本的可辨认性
   C. 成本的经济用途　　　　　　D. 成本的性态
2. 阶梯式混合成本又称(　　)。
   A. 半固定成本　　B. 半变动成本　　C. 延期变动成本　　D. 曲线式成本
3. 在历史资料分析法的具体应用方法中,计算结果最为精确的方法是(　　)。
   A. 高低点法　　　B. 散布图法　　　C. 回归直线法　　　D. 直接分析法
4. 单耗相对稳定的外购零部件成本属于(　　)。
   A. 约束性固定成本　　　　　　B. 酌量性固定成本
   C. 技术性变动成本　　　　　　D. 约束性变动成本
5. 为排除业务量因素的影响,在管理会计中,反映变动成本水平的指标一般是指(　　)。
   A. 变动成本总额　　　　　　　B. 单位变动成本

C. 变动成本的总额与单位额　　　　D. 变动成本率
　　6. 在应用高低点法进行成本性态分析时,选择高点坐标的依据是(　　)。
　　A. 最高的业务量　　　　　　　　　B. 最高的成本
　　C. 最高的业务量和最高的成本　　　D. 最高的业务量或最高的成本

二、多项选择题

　　1. 在相关范围内,固定成本具有的特征是(　　)。
　　A. 固定成本总额的不变性　　　　　B. 单位固定成本的反比例变动性
　　C. 固定成本总额的正比例变动性　　D. 单位固定成本的不变性
　　E. 固定成本总额变动性
　　2. 在相关范围内,变动成本具有的特征是(　　)。
　　A. 变动成本总额的不变性　　　　　B. 单位变动成本的反比例变动性
　　C. 单位变动成本的不变性　　　　　D. 变动成本总额的正比例变动性
　　3. 下列成本项目中,(　　)是酌量性固定成本。
　　A. 新产品开发费　　　　　　　　　B. 房屋租金
　　C. 管理人员工资　　　　　　　　　D. 广告费
　　E. 职工培训费
　　4. 在我国,下列成本项目中属于固定成本的是(　　)。
　　A. 按平均年限法计提的折旧费　　　B. 保险费
　　C. 广告费　　　　　　　　　　　　D. 生产工人工资
　　E. 材料费
　　5. 历史资料分析法具体包括的方法有(　　)。
　　A. 高低点法　　B. 散布图法　　C. 回归直线法　　D. 阶梯法
　　E. 定量法
　　6. 下列各项中,一般应纳入变动成本的有(　　)。
　　A. 直接材料　　　　　　　　　　　B. 管理人员的工资
　　C. 单独核算的包装物成本　　　　　D. 按产量法计提的折旧
　　E. 临时发生的职工培训费

三、判断题

　　1. 变动成本是指在相关范围内,其总额随业务量成比例变化的那部分成本。(　　)
　　2. 成本性态分析中高低点法的优点是计算精度高,缺点是计算过程过于复杂。(　　)
　　3. 延期变动成本是指在一定业务量范围内的成本发生额是固定的,但当业务量增长到一定限度时,其发生额突然跳跃到一个新的水平。(　　)
　　4. 对于阶梯成本,可根据产量变动范围的大小,分别归属于固定成本或变动成本。(　　)

【案例分析】

示例　美林公司车间维修费分解及应用

　　经过分析,美林公司的车间维修费主要受机器运转时间影响。已知美林公司20×2年下半年的车间维修费和机器运转工时的资料如表 2—1 所示。

表 2—1   美林公司 20×2 年下半年的车间维修费

月份	7	8	9	10	11	12
业务量(千机时)	6	8	7	4	5	9
维修费(元)	200	210	190	150	180	220

[要求]

1. 采用至少两种方法将混合成本车间维修费分解为变动成本和固定成本,并确定维修成本函数;

2. 如果预测 20×3 年 1 月份机器运行 10 千机时,预计 1 月份的维修费;

3. 比较不同方法的差异,分析造成这种差异的原因,确定一个最优的预测方法及预测结果。

[分析]

混合成本分解的方法总结:混合成本分解方法有定性分析法和定量分析法,定量分析法需要有足够的数据和相关指标的数量关系,在没有足够的数据或者有关数据的相关性不强的情况下,采用定性分析。本公司的维修成本和业务量数据充分,可以采用定量分析法。

定量分析法主要有高低点法、描点画图法和回归分析法。

1. 高低点法

根据上述车间维修的历史资料,找出最高业务量和最低业务量实际发生的车间维修费数据,详见表 2—2。

表 2—2   高低点的有关数据

摘　要	高　点	低　点
业务量(x)	9	4
维修费(y)	220	150

将高点和低点代入 $y=bx+a$ 的函数关系,可得:$b=14$(元/千机时),$a=94$(元)

所以车间维修费的混合成本为 $y=94+14x$

当 20×3 年 1 月机器运转工时为 10 千机时时,维修成本预计 $y=94+14\times 10=234$(元)

2. 描点画图法

根据 7—12 月的数据,我们通过 Excel 描出相关点,然后画出直线图,尽量使该直线与所有数据点距离最近。详见图 2—1。

从图 2—1 中可以看出,该直线与 y 轴交点的截距为 110,即 $a=110$,由于业务量最高的点在直线上,把 (9,220) 代入 $y=110+bx$,可得 $b=12.22$,所以可以确定该混合成本的直线方程为:$y=110+12.22x$,当 20×3 年 1 月份预计机器工时为 10 千机时时,预计未来总维修费为 $110+12.22\times 10=232.2$(元)。

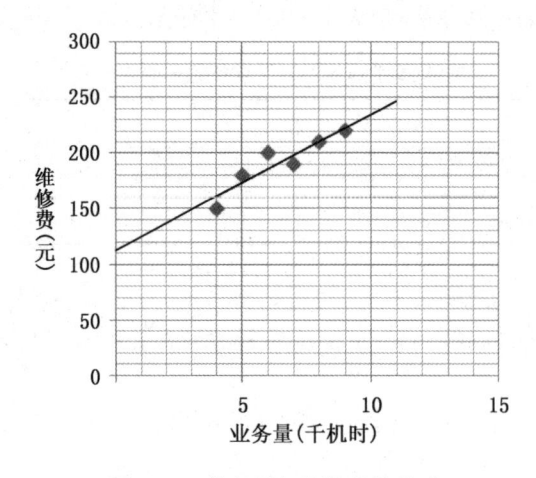

图 2-1　业务量与维修费的关系

3. 回归分析法

根据美林公司20×2年下半年的维修费资料进行处理,计算出求 a 和 b 的值所需要的有关数据,详见表2-3。

表 2-3　　　　　　　　　美林公司维修费回归分析计算

月　份	x	y	xy	x^2
7	6	200	1 200	36
8	8	210	1 680	64
9	7	190	1 330	49
10	4	150	600	16
11	5	180	900	25
12	9	220	1 980	81
$n=6$	$\sum x=39$	$\sum y=1\ 150$	$\sum xy=7\ 690$	$\sum x^2=271$

根据表2-3最后一行的数据,代入有关公式,分别确定混合成本的单位变动成本和固定成本合计数。

$$b=\frac{n\sum xy-\sum x\sum y}{n\sum x^2-(\sum x)^2}=\frac{6\times 7\ 690-39\times 1\ 150}{6\times 271-39^2}=12.29(元/千机时)$$

$$a=\frac{\sum y-b\sum x}{n}=\frac{1\ 150-12.29\times 39}{6}=111.78(元)$$

所以,维修成本函数的公式为:

$y=111.78+12.29x$

如果20×3年1月份的预测工时为10千机时,代入成本函数,则有:

$y=111.78+12.29\times 10=234.68(元)$

以上三种方法推算出来的固定成本和变动成本有所不同,用高低点法预测时,如果高点和低点刚好是非正常点,代表性较差,便会使根据这两个点推测出来的函数不具有代表性。描点画图方法克服了高低点法的这个缺点,把所有点都考虑进去,但是人工画图会出现准确性问题,如果用 Excel 画图工具,结果会客观一些。回归直线法把所有观察点的数据都考虑进去,并且尽量使回归直线代表总体规律,因此预测结果最客观。所以,如果不同的预测方法预测结果有差异,我们以回归直线法为最终预测结果。

本案例三种方法的预测结果差异不大,从客观性来说,回归直线法最客观,预测结果最准确。

任务一 马林公司的成本分析

马林公司生产大型的工业机械,该公司拥有一个加工部和一批被称作机师的直接人工。每个机师的年薪是 50 000 美元,每人最大年生产能力为 500 单位的产品。该公司同时还聘请有监督员在加工部监督生产。每个监督员最多能监督三名机师的工作。公司的账目和过去的生产表明产量和直接人工成本与监督成本之间的关系,如表 2—4 所示。

表 2—4　　　　　　　　　　　有关成本和业务量数据

产　量	直接人工成本(美元)	监督费用(美元)
0～500	50 000	40 000
501～1 000	100 000	40 000
1 001～1 500	150 000	40 000
1 501～2 000	200 000	80 000
2 001～2 500	250 000	80 000
2 501～3 000	300 000	80 000
3 001～3 500	350 000	120 000
3 501～4 000	400 000	120 000

资料来源:唐·R.汉森等.管理会计(第 8 版)[M].陈良华,杨敏,译.北京:北京大学出版社,2010.

[要求]

1. 将加工部中的直接人工成本和产量的关系用图表示出来,其中纵轴表示成本,横轴表示产量。你将该成本划分为严格变动成本、固定成本还是阶梯式成本?

2. 将监督费用和产量之间的关系用图表示出来,其中纵轴表示成本,横轴表示产量。你将该成本划分为严格变动成本、固定成本还是阶梯式成本?

3. 假定产量的正常范围是 1 400～1 500 单位产品,并且目前正好雇用了所需的机师人数来完成这个产量。进一步假设下一年的产量再增加 500 个单位,那么直接人工成本和监督成本各增加多少?

任务二 加纳公司的订单决策

在过去的五年里,加纳公司制定了一项政策,即按照客户的需要组织生产。结果,产成品存量降到了最低,可以说,在很大程度上产品的生产量就等于销售量。

最近,加纳公司所处的行业进入了萧条期,公司的实际生产远远低于其最大生产能力,并且预计这种情况将持续到明年。公司总裁愿意接受至少能收回变动成本的订单,这样公司就可以保留所有的员工,避免裁员。而且,任何能够实现高于变动成本的收益的订单都可以提高公司的整体利润率。于是公司总裁实施了一项政策,任何能够收回其发生的成本的特殊订单

都可以接受。为了帮助实现这个政策,加纳公司的会计推出了如下成本函数公式:

耗用的直接材料 $=94x$, $r=0.95$,其中 x 为生产量,r 为相关系数;

耗用的直接人工 $=16x$, $r=0.96$,其中 x 为直接人工工时,r 为相关系数;

间接制造费用 $=350\,000+80x$, $r=0.75$,其中 x 为生产量,r 为相关系数;

销售成本 $=50\,000+7x$, $r=0.93$,其中 x 为销售量,r 为相关系数。

资料来源:唐·R.汉森等.管理会计(第8版)[M].陈良华,杨敏,译.北京:北京大学出版社,2010.

[要求]

1. 计算产品的单位变动成本。假定加纳公司有一个机会接受一份以 212 美元的单价生产 20 000 件产品的订单。生产一件产品要花费一个直接人工工时。加纳公司应该接受这个订单吗?(接受该订单不会影响公司接受其他常规订单)

2. 说明相关系数评测成本函数公式的重要性。这种评测与上题中你所给出的答案有关系吗?它们应该存在某种关系吗?为什么?

3. 假定为间接制造费用构建了一个多元回归方程式: $y=100\,000+85x_1+5\,000x_2+300x_3$,其中 x_1 表示直接人工工时,x_2 表示生产准备的次数,x_3 表示生产工时。该方程的相关系数是 0.94。假设完成一份 20 000 件产品的订单需要 12 次生产准备、600 个生产工时,根据这些新信息,公司是否应该接受要求 1 中提到的这份订单?你是否还需要关于成本分析的其他信息?请解释说明。

任务三 美兰公司电费混合成本的分解

为编制 20×3 年 1 月份的电费预算,财务人员收集了美兰公司 20×2 年度的电费和直接人工小时资料,具体如表 2—5 所示。

表 2—5　　　　　　　　　20×2 年度直接人工小时和电费资料

月　份	直接人工小时	电　费
1	350	1 085
2	420	1 100
3	500	1 500
4	440	1 250
5	430	1 250
6	380	1 100
7	330	1 080
8	410	1 280
9	470	1 400
10	380	1 210
11	300	1 080
12	400	1 230

资料来源:杜学森.管理会计实训教程[M].南京:东南大学出版社,2005.(有改动)

[要求]

1.用高低点法、回归直线法对电费进行分解,找出固定成本和单位变动成本。

2.根据生产预算,预计20×3年1月份需要直接人工小时410,请给出20×3年1月份电费的预算数。

3.根据前面的计算,分析这两种混合成本分解的方法有什么异同。

任务四 甲公司的混合成本分析

甲公司是一家铸造企业,燃料成本、电力成本和维修成本不便归入固定成本或变动成本。对于这些混合成本,分别用工业工程法、合同约定法和高低点法进行分析,确定一般模型,然后按比例分配。其中:

(1)燃料成本。燃料用于铸造工段的熔炉,具体分为点火(耗用木柴和焦炭)和熔化铁水(耗用焦炭)两项操作。假设企业按照最佳的操作方法进行生产,每次点火要使用木柴0.1吨、焦炭1.5吨,熔化1吨铁水要使用焦炭0.15吨,铸造每件产品需要铁水0.01吨;每个工作日点火一次,全月工作22天,木柴每吨价格为10 000元,焦炭每吨价格为18 000元。

(2)电力成本。具体分为照明用电和设备运转用电两项。按照电力公司规定,企业的变压器维持费为50 000元/月,每度电费1.6元,用电额度每月20 000度,超额用电按照正常电费的1.5倍计价。正常情况下,每件产品平均用电2度。照明用电每月2 000度。

(3)上年各月维修成本如表2—6所示。

表2—6　　　　　　　　维修成本表

月　份	产量(件)	实际成本(元)
1	12 000	54 000
2	13 000	54 600
3	11 500	50 400
4	10 500	52 200
5	9 000	49 200
6	7 900	43 800
7	7 000	43 200
8	8 000	46 800
9	9 500	45 000
10	11 100	53 400
11	12 500	57 000
12	14 000	55 800

资料来源:https://wenku.so.com/d/a8e089e321ae72609a186336e91546b2.

[要求]

1.分别确定燃料、电力和维修成本的变动成本和固定成本。

2.分别确定三种成本的成本函数。

任务五　分解森公司的制造费用

为编制 20×3 年的预算,森公司管理层授意下属人员搜集了 20×2 年度前三个季度的制造费用和产量资料。森公司的首席会计师认为只有充分了解制造费用中的固定成本和变动成本的构成,才能充分地估算来年的成本费用。他同时认为制造费用的变动和产量的变动是密不可分的。公司搜集到的资料如表 2—7 所示。

表 2—7　　　　　　　　　　　森公司的制造费用数据

月　份	制造费用(元)	产量(件)
1	26 000	2 000
2	22 000	1 600
3	38 000	3 000
4	34 000	2 400
5	32 000	2 600
6	26 000	2 200
7	32 000	2 800
8	44 000	3 400
9	42 000	3 200

资料来源:杜学森. 管理会计实训教程[M]. 南京:东南大学出版社,2005.(有改动)

[要求]

选择你认为最精确的混合成本分解的方法,对森公司的制造费用进行分解,并说明你选择该种分解法的理由。

【问题思考】

1. 为什么说了解成本习性对管理决策很重要？举例说明你的理由。
2. 有的企业把混合成本归为固定成本或变动成本,没有采用任何正规的方法,你怎么解释这种做法？

实训三　变动成本法

【知识结构图】

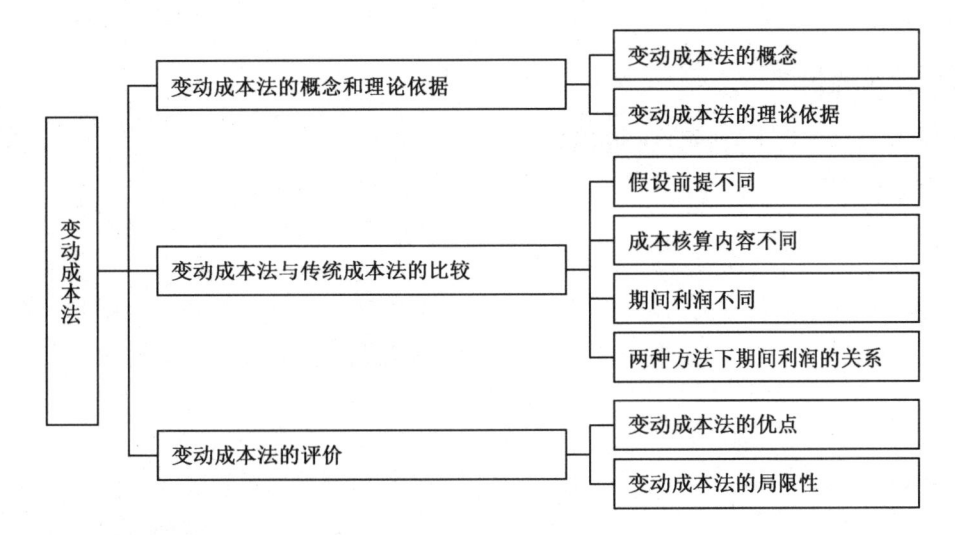

```
                    ┌─ 变动成本法的概念和理论依据 ─┬─ 变动成本法的概念
                    │                              └─ 变动成本法的理论依据
                    │
                    │                              ┌─ 假设前提不同
            变动     │                              ├─ 成本核算内容不同
            成本  ───┼─ 变动成本法与传统成本法的比较 ┼─ 期间利润不同
            法      │                              └─ 两种方法下期间利润的关系
                    │
                    │                              ┌─ 变动成本法的优点
                    └─ 变动成本法的评价 ───────────┴─ 变动成本法的局限性
```

【知识的理解与运用】

一、单项选择题

1. 在变动成本法中,产品成本是指(　　)。
   A. 制造费用　　　B. 生产成本　　　C. 变动生产成本　　　D. 变动成本

2. 在变动成本法下,销售收入减去变动成本等于(　　)。
   A. 销售毛利　　　B. 税后利润　　　C. 税前利润　　　D. 贡献边际

3. 如果本期销售量比上期增加,则可断定按变动成本法计算的本期营业利润(　　)。
   A. 一定等于上期　　　　　　　　B. 应当大于上期
   C. 应当小于上期　　　　　　　　D. 可能等于上期

4. 如果完全成本法期末存货吸收的固定性制造费用大于期初存货释放的固定性制造费用,则两种方法营业利润的差额(　　)。

A. 一定等于零　　　　　　　　　　B. 可能等于零
C. 一定大于零　　　　　　　　　　D. 一定小于零

5. 在变动成本法下,固定性制造费用应当列作(　　)。
A. 非生产成本　　B. 期间成本　　C. 产品成本　　D. 直接成本

6. 下列项目中,不能列入变动成本法下产品成本的是(　　)。
A. 直接材料　　　　　　　　　　　B. 直接人工
C. 变动性制造费用　　　　　　　　D. 固定性制造费用

7. 已知20×2年某企业按变动成本法计算的营业利润为13 500元,假定20×3年销量与20×2年相同,产品单价及成本水平都不变,但产量有所提高,则该年按变动成本法计算的营业利润(　　)。
A. 必然大于13 500元　　　　　　　B. 必然等于13 500元
C. 必然小于13 500元　　　　　　　D. 可能等于13 500元

8. 如果某期按变动成本法计算的营业利润为20 000元,该期产量为20 000件,销售量为10 000件,期初存货为零,固定性制造费用总额为20 000元,则按完全成本法计算的营业利润为(　　)。
A. 0元　　　　B. 10 000元　　　　C. 30 000元　　　　D. 40 000元

二、多项选择题

1. 在完全成本法下,期间费用包括(　　)。
A. 制造费用　　　　　　　　　　　B. 变动制造费用
C. 固定制造费用　　　　　　　　　D. 销售费用
E. 管理费用

2. 变动成本法下期间成本包括(　　)。
A. 管理费用　　B. 销售费用　　C. 制造费用　　D. 固定生产成本

3. 变动成本法与完全成本法的区别表现在(　　)。
A. 产品成本的构成内容不同　　　　B. 存货成本水平不同
C. 损益确定程序不同　　　　　　　D. 编制的损益表格式不同
E. 计算出的营业利润不同

4. 在变动成本法下,确定销售产品变动成本主要依据(　　)进行计算。
A. 销售产品变动生产成本　　　　　B. 期末存货成本
C. 期初存货成本　　　　　　　　　D. 销售收入总额
E. 销售产品变动推销及管理费用

5. 如果完全成本法和变动成本法两种方法营业利润差额不等于零,则完全成本法期末存货吸收的固定性制造费用与期初存货释放的固定性制造费用的数量关系可能是(　　)。
A. 前者等于后者　　　　　　　　　B. 前者大于后者
C. 前者小于后者　　　　　　　　　D. 两者都为零
E. 两者不都为零

6. 完全成本法计入当期利润表的期间成本包括(　　)。
A. 固定性制造费用　　　　　　　　B. 变动性制造费用
C. 固定性销售和管理费用　　　　　D. 变动性销售和管理费

E. 制造费用

三、判断题

1. 管理费用一定是期间成本。（   ）
2. 变动成本法和完全成本法计算的期间利润一定不同。（   ）
3. 用变动成本法核算成本和利润,更有利于企业投资决策的合理性。（   ）
4. 变动成本法提供信息的主要用途是满足对外提供报表的需要。（   ）
5. 变动成本法和完全成本法两种成本计算法计入当期利润表的期间费用,虽然形式不同,但实质相同。（   ）

【案例分析】

示例　两张利润表的差异

美乐公司准备生产一种新的产品,经过分析预测,有关资料如表3-1所示。

表3-1　　　　　　　　　　美乐公司新产品数据

项　目	
销售量	10 000件
单价	50元
产量	15 000件
成本项目	
直接材料	150 000元
直接人工	300 000元
变动性间接费用	60 000元
固定性间接费用	120 000元

美乐公司有两名财务实习生小乐和小美,美乐公司财务经理要求他们把新产品的有关情况做一份关于利润和存货价值的报表。由于两张报表的数据差异较大,财务经理叫他们来解释,结果小美说她用的是财务会计刚学习的有关成本和利润的核算方法,小乐认为当企业管理层用有关数据做出是否生产某产品的经营决策时,用管理会计里的变动成本法核算有关数据更合理,于是他用变动成本法核算有关数据。

资料来源:杜学森. 管理会计实训教程[M]. 南京:东南大学出版社,2005.(有改动)

[要求]

1. 分别按照完全成本法和变动成本法以表格的形式给出两份报表。
2. 请你解释小美和小乐算出两种不同结果的原因,并恰当地运用资料中的数据进行分析,对两种方法的优缺点进行简要评价。

[分析]

1. 分别用完全成本法和变动成本法出具财务数据分析表,详见表3-2。

表 3—2　　　　　　　　　美乐公司新产品财务数据

项　目	小美的数据(元)	小乐的数据(元)
销售额(10 000 件,50 元/件)	500 000	500 000
产品成本(15 000 件)		
直接材料(10 元/件)	150 000	150 000
直接人工(20 元/件)	300 000	300 000
变动性间接费用(4 元/件)	60 000	60 000
固定性间接费用(8 元/件)	120 000	—
小计	630 000	510 000
减:期末存货成本(5 000 件)	210 000*	170 000**
销售成本(10 000 件)	420 000	340 000
边际贡献	—	160 000
固定性间接费用	—	120 000
利润	80 000	40 000

注:期末存货: * 5 000 件产品的全部成本＝5 000×42＝210 000(元);

　　　　** 5 000 件产品的变动成本＝5 000×34＝170 000(元)。

2. 完全成本法和变动成本法是两种不同的成本核算方法,引起计算的期间利润数据也可能不一样。完全成本法是传统的成本计算法,为现行的财务会计报表提供有关数据,其成本核算必须遵循会计准则的要求。变动成本法主要是管理会计使用的成本核算方法,当固定间接费用占成本总额比重较大的时候,固定间接成本的分配就影响到利润的核算,同时在一定的时空范围内,固定费用总额保持相对稳定,短期内不随企业生产经营安排变动而变动,所以通常与企业的经营决策无关,因此在进行有关经营决策时,不考虑与决策无关的固定费用会使决策结果更加科学。

小美用了完全成本法,小乐用变动成本法进行成本核算和利润核算,由于对固定成本的处理方法不同,最终引起当期销货成本不同、存货成本不同和利润不同。结合本案例数据,由于当期销货量小于生产量,没有期初存货,所以完全成本法下期末存货吸收了本期固定间接费用 40 000 元(5 000×8＝40 000),因而与变动成本法把本期的固定间接费用全部当期弥补相比,本期的销售成本减少了 40 000 元,所以导致利润比变动成本法多了 40 000 元。

两种成本核算方法使用范围不同,企业会计人员在实际工作中可以根据情况进行选择。

任务一　某电冰箱公司的亏损问题

某电冰箱有限公司连续两年亏损,总经理召集有关部门的负责人开会研究扭亏为盈的办法。会议纪要如下:

总经理:我公司去年亏损 500 万元,比前年还要糟糕。证监会对于连续三年亏损的企业将暂停上市。如果今年再不扭亏为盈,大家的日子都不会好过。今天把大家请来,就是要大家多出点主意,想些办法。希望大家能集思广益,畅所欲言。

销售部经理:问题的关键是,我们每台冰箱的售价是 1 600 元,而每台冰箱的成本是 1 700 元。如果提高售价,面临竞争,冰箱就卖不出去。出路只有降低成本,否则,销售越多,亏损越大。

生产部经理:我不同意。每台冰箱的生产成本只有 1 450 元。我公司的设备和工艺是国内最先进的,技术力量强,熟练工人多,控制物料消耗成本的经验还得到了行业学会的肯定与表扬,大家应该都还有印象。现在的问题在于生产线的设计能力是年产 10 万台冰箱,而因为销路打不开,去年只生产 4 万台,所销售的 5 万台中,还有 1 万台是前年生产的。对了,前年的产量也是只有 4 万台。现在由于开工不足,大半工人面临下岗,内部矛盾增加,人心已经涣散。

总经理:成本到底是怎么回事?

财务部经理:每台冰箱的变动生产成本是 1 050 元,全年固定制造费用总额是 1 600 万元,全年固定销售及管理费用总额是 1 250 万元。我建议:生产部门满负荷生产,通过扩大产量来降低单位产品负担的制造费用。这样,即使不提价,不扩大销售量,也能扭亏为盈,度过危机。但是,为了减少将来的风险,提高企业的市场竞争能力,今年应追加 50 万元改进产品质量(这部分费用计入固定制造费用。——编者注),再追加 150 万元的固定销售费用,其中 100 万元用于广告宣传,50 万元作为职工销售奖励。

总经理:会议到此结束。会后请财务部经理马上到我办公室来一趟。

资料来源:https://www.docin.com/p-260650395.html.

[要求]

1. 去年亏损的 500 万元是怎样计算出来的?
2. 如果采纳财务部经理的建议,不提价也不扩大销售,而且比上年又增加了 50 万元的固定制造费用和 150 万元的固定销售费用,真能扭亏为盈吗?按照完全成本计算法编制该公司当年的损益表。
3. 如果对外报送的会计报表改按变动成本法列报,采纳财务部经理的建议后,其营业利润(或亏损)应为多少?
4. 结合本例说明完全成本法的局限性。

任务二 我喜欢挑战

Brassinni 公司对每个产品的生产成本采用实际成本法计算,这个工厂每年可以生产 4 000 万个产品,但是在第一年只产出并销售了 1 000 万个产品。没有期初和期末存货。

Brassinni 公司的利润表如表 3-3 所示。

表 3-3　　　　　　　　　　　Brassinni 公司第一年的利润表

项　目	金额(万美元)
销售收入(1 000 万个,单价 $6)	6 000
销售成本	
直接成本(1 000 万个,单位成本 $2)	2 000
间接成本	4 800
毛利	(800)
管理费用	1 000
营业收益(亏损)	(1 800)

管理层更关注的是亏损的 1 800 万美元。对此,一名顾问提出的建议是:总经理不设固定的薪水,只是拿出营业利润的 10% 来分红。管理层对此表示赞同,并任命该顾问为公司的新总经理。在新上任的总经理的带领下,公司第二年生产 3 000 万个产品,销售仍为 1 000 万

个。运用完全成本法,第二年的利润表如表3—4所示。

表3—4　　　　　　　　Brassinni 公司第二年的利润表

项　目	金额(万美元)
销售收入(1 000万个,单价 $6)	6 000
销售成本	
制造成本	
直接成本(3 000万个,单位成本 $2)	6 000
间接成本	4 800
总的制造成本	10 800
减:期末存货	
变动成本(2 000万个,单位成本 $2)	4 000
间接成本(20/30 * $4 800)	3 200
总存货成本	7 200
总销货成本	3 600
毛利	2 400
管理费用	1 000
分红前的营业利润	1 400
分红	140
分红后的营业利润	1 260

经证实,在公布报表后,这个总经理收取了140万美元的奖金后辞职去了别的公司工作,他说道:"我喜欢挑战,现在公司已经处于盈利状态,所以我更愿意去迎接新的挑战。"(他与新雇主签订的合约与本公司类似)

资料来源:https://www.doc88.com/p-7723282221472.html?　r=1.(有改动)

[要求]

1. 用变动成本法计算公司第二年的利润,并编写利润表。

2. 根据第1题的计算结果,分析该顾问真的给公司带来利润增长了吗?真的改善了经营,扭亏为盈了吗?

3. 评价这种总经理薪水支付的方法,分析同事们对这种方法是否满意。如果满意,请解释原因;如果不满意,请你给出改进意见。

任务三　李国昌的决策问题

全球联络公司生产一种超前的全球定位系统(GPS)装置,公司董事会于10月底雇用李国昌为首席执行官(CEO),前任 CEO 因为一连串的经营问题,包括运送存在质量问题的 GPS 装置给经销商,被董事会查处。

李国昌感到应最先考虑的工作是恢复员工的士气——在前任 CEO 掌权期间所挫伤的士气,他特别期望与公司的职员建立起信任感。其次,为公司未来年度编制预算,该预算将提交给在12月15日举行的董事会会议审查。

李国昌与公司的核心管理者一起推敲细节后,编制了一个预算,他认为此预算在下一年度可能与实际情况吻合。编制的预算如表3—5和表3—6所示。

表3—5　　　　　　　　　全球联络公司基本预算数据

期初存货量(台)	0
生产量(台)	400 000
销售量(台)	400 000
期末存货量(台)	0
单位变动成本:	
直接材料(元)	57.20
直接人工(元)	15.00
变动制造费用(元)	5.00
变动销售和管理费用(元)	10.00
单位变动成本总计(元)	87.20
固定费用:	
固定制造费用(元)	6 888 000
固定销售和管理费用(元)	4 560 000
固定费用总和(元)	11 448 000

表3—6　　　　　　全球联络公司预计利润表(完全成本法)

项　目		金额(元)	
销售收入	400 000×120		48 000 000
减:销货成本			
期初存货成本		0	
加:产品制造成本	400 000×94.42	37 768 000	
可供销售产品成本		37 768 000	
减:期末存货成本		0	37 768 000
毛利			10 232 000
减:销售和管理费用			
变动销售和管理费用	400 000×10	4 000 000	
固定销售和管理费用		4 560 000	8 560 000
营业净收益			1 672 000

尽管董事会清楚地认识到,这个预算是他们所希望的,但对此没有信心。董事会中大多数有表决权的成员表示:管理者必须真正努力以达到这样的目标。经过一番讨论之后,董事会决定设定未来年度的目标利润为2 000 000元。为了激励管理者,董事会同意,如果这个目标利

润达到了,将给公司高层管理人员支付一笔可观的红利,每个人从 10 000 元到 25 000 元不等。同时还规定,奖金与公司实现的营业净收益挂钩,如果实际的营业净收益达到了 2 000 000 元这个目标利润,或者更多,管理人员将会得到奖金。否则,董事会不会支付。

资料来源:雷·H. 加里森等. 管理会计(原书第 11 版)[M]. 罗飞等译. 北京:机械工业出版社,2011.

[要求]

1. 假定公司没有预备存货(即产量等于销量),并且销售价格和成本结构保持相同,则为了达到 2 000 000 元的目标净收益,必须销售多少台 GPS 装置?

2. 利用完全成本计算法,通过建立一个修订的预算和产生 2 000 000 元营业净收益的预计利润表,验证前面第 1 题的答案。

3. 遗憾的是,到了次年的 10 月,公司很明显将不能达到 2 000 000 元的目标利润。事实上,公司年末的结果看起来好像是按照最初的计划进行的,即销售 400 000 台,也没有期末存货,利润为 1 672 000 元。

好几位管理者不愿意失去他们的年终奖金,于是他们找到李国昌,建议公司仍然披露 2 000 000 元的利润。管理者提出的建议是,在目前的销售率下,公司有足够的生产能力再生产 10% 的 GPS 装置,并将其储存到仓库,因此,将一部分固定制造费用转移到下一年度。如果当年销售 400 000 台,销售价格和成本结构保持不变,在完全成本法下,为了至少显示 2 000 000 元的利润,公司必须生产多少台产品?

4. 通过编制利润表来验证你在上面第 3 题中的答案。采用完全成本法。

5. 你认为李国昌为了达到利润目标,会赞同建立期末存货的提议吗?

6. 有关董事会在将来怎样计算奖金的问题,你有何建议?

任务四　玛利亚·卡夫的产品成本计算

玛利亚·卡夫拥有一家餐饮服务公司,该公司为专门的宴会和商业活动提供食物和饮料服务。卡夫的业务是季节性的,夏季和假日业务订单较多,其他时间订单较少。

卡夫向顾客提供的主要业务之一就是鸡尾酒会。提供一个标准的鸡尾酒会,每位客人的成本如表 3—7 所示。

表 3—7　　　　　　　　标准鸡尾酒会每位客人的成本数据

项　目	金额($)
食物和饮料成本	15.00
人工(每位 0.5 小时,每小时 $10.00)	5.00
制造费用(每位 0.5 小时,每小时 $13.98)	6.99
每位客人总成本	26.99

鸡尾酒会按标准将持续 3 个小时,并且卡夫按每 6 个客人雇用 1 名工作人员,每位客人花费人工半小时。这些工作人员只是在需要时才会雇请,并且按照他们实际工作的小时数支付报酬。

卡夫在投标鸡尾酒会时,收取 15% 的成本加成率,从而收取每位客人的价位是 $31。她对自己关于饮料、食物和人工的估计很有把握,但是对制造费用的估计不乐观。每人工小时制造费用 $13.98,是由最近 12 个月的总制造费用除以同时期的总人工小时得出的。每月涉及制造费用和人工小时的数据如表 3—8 所示。

表 3—8　　　　　　　　　每月涉及制造费用和人工小时的数据

月　份	人工小时	制造费用（$）
1	2 500	55 000
2	2 800	59 000
3	3 000	60 000
4	4 200	67 000
5	4 500	64 000
6	5 500	71 000
7	6 500	74 000
8	7 500	77 000
9	7 000	75 000
10	4 500	68 000
11	3 100	62 000
12	6 500	73 000
总　计	57 600	805 000

卡夫收到一份订单，下个月由一个当地重要的慈善机构组织 180 人举办募捐鸡尾酒会（宴会一般持续 3 个小时）。本次慈善活动中出席的客人包括许多达官显贵，这些人很可能都是她将来的客户，所以她很愿意赢得这份合约。同时，公司将通过这次慈善活动的服务，给潜在的客户一个好印象。

资料来源：雷·H. 加里森等. 管理会计（原书第 11 版）[M]. 罗飞等译. 北京：机械工业出版社，2011.（有改动）

[要求]

1. 请你用变动成本法重新计算一下每位客人的成本，以便更好地进行投标。
2. 分析公司全年保本点的人工小时，并根据计算的结果分析公司的经营状况。
3. 这次鸡尾酒会募捐活动的组织者表示，他已经收到了来自另外饮食服务公司低于 $30 的出价。你认为针对这次鸡尾酒会，卡夫的出价能低于正常的 $31 价格吗？为什么？
4. 以每位客人收取的费用来说，这个鸡尾酒会的出价底线是多少时，卡夫才没有损失？

任务五　会计助理小王的问题

会计专业毕业生小王找到一份比较满意的工作，在一家企业做会计助理。年末，董事会要对本年的财务状况进行通报，总会计师要求助理小王把有关报表材料准备好，与总会计师一起参加周五上午的会议。小王很珍惜参加这次会议的机会，为参加这次会议做了充分准备，不仅准备了有关财务报表，还准备了变动成本法下的成本数据和利润表，以便给有关决策人员提供更充分的决策数据，并解答有关疑问。

会议原定时间是上午 9 点开始。当天天气不好，雨雪较大。小王在去开会的路上出了点小问题，准备好的有关材料撒落了一地，小王赶紧补救，但还是有些数据模糊不清。尽管小王凭记忆补充了一些数据,但是利润表中的一些数据还是记不起来了。

[要求]

请你想办法帮他把数据补齐。

有关数据资料如表3-9和表3-10所示。另外,该企业主要生产一种产品,没有年初存货,有年末存货。

表3-9　　　　　　　　　　　　完全成本法下利润表　　　　　　　　　　　　　单位:元

项　目	金　额
营业收入	
期初存货成本	0
加:本期生产成本	
减:期末存货成本	21 600
营业成本	
营业毛利	
减:销售费用	18 000
管理费用	18 000
营业利润(息税前利润)	9 600

表3-10　　　　　　　　　　　　变动成本法下利润表　　　　　　　　　　　　　单位:元

项　目	金　额
营业收入	240 000
本期销售产品生产成本	
变动销售费用	9 600
变动管理费用	2 400
边际贡献	
固定性制造费用	36 000
固定销售费用	
固定管理费用	
营业利润(息税前利润)	

【问题思考】

1. 与完全成本法相比,变动成本法的优势在哪里?有哪些缺点?
2. 怎样才能使变动成本法运用起来兼顾对外编制财务报告的需要?

实训四 作业成本法

【知识结构图】

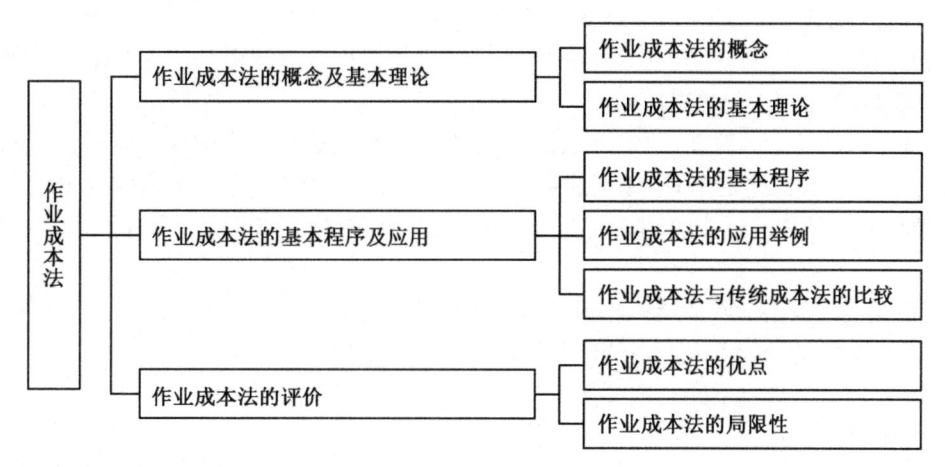

```
                    ┌─ 作业成本法的概念及基本理论 ─┬─ 作业成本法的概念
                    │                              └─ 作业成本法的基本理论
                    │
        作业成本法 ─┼─ 作业成本法的基本程序及应用 ─┬─ 作业成本法的基本程序
                    │                              ├─ 作业成本法的应用举例
                    │                              └─ 作业成本法与传统成本法的比较
                    │
                    └─ 作业成本法的评价 ───────────┬─ 作业成本法的优点
                                                    └─ 作业成本法的局限性
```

【知识的理解与运用】

一、单项选择题

1. 下列关于作业成本法的说法中，不正确的是(　　)。
A. 产品的成本实际上就是企业全部作业所消耗资源的总和
B. 成本动因分为资源动因和作业动因
C. 作业成本法下，所有成本都需要先分配到有关作业，然后再将作业成本分配到有关产品
D. 作业成本法的基本指导思想是"作业消耗资源,产品消耗作业"

2. 下列说法不正确的是(　　)。
A. 直接人工成本属于单位水平作业的成本
B. 对每批产品的生产准备属于批次水平作业
C. 对一种产品编制材料清单属于产品水平作业
D. 生产维持作业的目的是服务于各项产品的生产与销售

3. 作业成本法的成本追溯使用众多不同层面的作业动因,其中不包括(　　)。
   A. 维持水平动因　　　　　　　　　B. 单位水平动因
   C. 批次水平动因　　　　　　　　　D. 产品水平动因
4. 作业成本法把企业看作为满足顾客需要而设计的一系列(　　)的集合。
   A. 契约　　　　B. 作业　　　　C. 产品　　　　D. 生产线
5. 关于作业成本管理的作用,下列说法中不正确的是(　　)。
   A. 可以消除浪费　　　　　　　　　B. 可以实现持续改善
   C. 可以提高客户价值　　　　　　　D. 关注的重点是如何降低产品成本
6. 下列关于传统成本管理与作业成本管理的说法中不正确的是(　　)。
   A. 传统成本管理关注的重点是成本,而作业成本管理关注的重点是作业
   B. 传统成本管理一般以部门(或生产线)作为责任中心,而作业成本管理以价值链作为责任控制单元
   C. 传统成本管理忽视非增值成本,而作业成本管理高度重视非增值成本
   D. 传统成本管理不会使产品成本扭曲,而作业成本管理会使产品成本扭曲
7. 增值作业是指那些需要保留在价值链中的作业,需要同时满足的标准不包括(　　)。
   A. 该作业能够带来加工对象状态的改变
   B. 加工对象状态的改变,只能由该作业实现,而不能由价值链中的前一项作业实现
   C. 该作业使价值链中的其他作业得以执行
   D. 加工对象状态的改变,只能由该作业实现,而不能由价值链中的后一项作业实现
8. 从作业管理的角度来看,降低成本的途径主要是改善作业,提高增值作业的效率和消除无增值作业。具体包括作业消除、作业选择、作业减少和作业分享。下列有关说法中不正确的是(　　)。
   A. 作业消除是指消除非增值作业和低效率的增值作业
   B. 作业选择是指从多个不同的作业链中选择其中最佳的作业链
   C. 作业减少是指以不断改进的方式降低作业消耗的资源或时间
   D. 作业分享是指提高作业的投入产出比

二、多项选择题

1. 按照作业产出或消耗的方式,可将作业分为(　　)。
   A. 单位级作业　　　　　　　　　　B. 批次级作业
   C. 品种级作业　　　　　　　　　　D. 生产维持级作业
2. 下列说法中不正确的有(　　)。
   A. 产品的成本实际上就是企业全部作业所消耗资源的总和
   B. 在作业成本法下,所有的成本都需要先分配到有关作业,计算作业成本,然后再将作业成本分配到有关产品
   C. 一项作业指的是一项非常具体的活动
   D. 在作业成本法下,直接成本可以直接计入有关产品,与传统的成本计算方法并无差异
3. 下列有关作业成本法的说法中不正确的有(　　)。
   A. 资源动因是引起产品成本变动的因素,作业动因是引起作业成本变动的因素
   B. 作业成本法的基本指导思想是"作业消耗资源,产品消耗作业"

C. 作业成本法的成本分配使用直接追溯和动因追溯,不使用分摊
D. 成本追溯使用众多不同层面的作业动因

4. 下列有关业务动因、持续动因和强度动因的说法中正确的有(　　)。
A. 业务动因的假设前提是,执行每次作业的成本(包括耗用的时间和单位时间耗用的资源)相等
B. 持续动因的假设前提是,执行作业的单位时间内耗用的资源是相等的
C. 强度动因一般适用于某一特殊订单或某种新产品试制等
D. 业务动因的精确度最差,但其执行成本最低

5. 相对于传统成本管理而言,关于作业成本管理的下列说法中正确的有(　　)。
A. 能够提供更加准确的作业成本信息
B. 有利于企业更好地进行成本控制和经营决策
C. 能够利用所提供的成本信息,发现作业乃至价值链中的浪费现象并分析原因
D. 能够实现企业竞争能力和盈利能力的不断提升

6. 通过作业成本法可以分析(　　)。
A. 产品的盈利能力　　　　　　　　B. 客户的获利能力
C. 企业经营中的增值作业和非增值作业　D. 偿债能力

7. 采用作业成本法的公司一般应该具备(　　)。
A. 制造费用在产品成本中占有较大比重　B. 产品多样性程度高
C. 具有强烈的竞争优势　　　　　　　D. 规模比较大

三、判断题

1. 在实际中作业中心必须与企业现有的职能部门相一致。(　　)
2. 作业成本法是一个二阶段分配过程,分别是资源向作业分配和作业向成本对象分配。(　　)
3. 作业动因是将各项资源费用归集到不同作业的依据,反映了作业与资源的关系。(　　)
4. 作业成本法下分配间接费用的基础只能是财务指标而不能用非财务指标。(　　)
5. 作业成本法只适用于制造业。(　　)

【案例分析】

示例　Valport公司的经营困境

　　Valport公司是一家专业化很强的电子公司,现在公司的1号产品面临着来自其他公司的激烈竞争。公司的竞争对手一直在压低1号产品的价格。而该公司的1号产品比其他所有竞争对手的产量都高,并且是公司生产效率最高的产品。公司的总经理一直在思考,为什么其他公司的这种产品的价格远远比他们的价格低。不过,让公司总经理高兴的是,公司新开发的3号产品虽然工艺复杂,远不及公司生产的1号产品和2号产品的产量,但由于专业化程度非常高,其他竞争对手不想涉足这种产品生产,所以公司几次提高3号产品的售价,客户仍是源源不断。

　　公司的定价策略将目标设定为产品制造成本的110%,产品制造成本所包含的间接费用依据直接人工工时分配。由于公司的1号产品的竞争对手一直在压低1号产品的价格,公司的1号产品的售价已经降低到了75美元以下。

在 20×2 年公司的年终总结会上，公司总经理问主计长乔治："为什么我们的产品竞争不过其他公司的产品？他们的 1 号产品仅售价 69 美元，那比我们的 1 号产品的成本还要少 1 美元。这是怎么回事？"

"我认为这是我们过去的产品成本计算方法造成的。"乔治说，"也许你还记得，我刚来公司的时候，采用一种作业成本计算法做了一项先期研究。结果发现，公司采用的传统制造成本计算法高估了产量高工艺简单的 1 号产品成本，并且大大低估了 3 号产品的成本。对此我提出过警告，但公司仍然保持原有的方法。"

"好的，"总经理说，"你下午给我提供作业成本法的有关数据。"

乔治回到办公室后，整理了 20×2 年末会计系统提供的有关数据，并列出了公司 20×2 年末产品成本和年度销售数据，如表 4—1 所示。

表 4—1　　　　　　　　　　　Valport 公司产品成本和年度销售数据

	1 号产品	2 号产品	3 号产品
年销售量(件)	100 000	50 000	10 000
单位产品成本(美元)	70	61	160
其中：直接材料(美元)	10	25	40
直接人工(美元)	10	6	20
制造费用(美元)	50	30	100
直接人工工时(小时)	50 000	15 000	10 000
制造费用明细			
机器维修(美元)	1 500 000		
机器折旧(美元)	3 000 000		
产品检测(美元)	1 500 000		
机器准备(美元)	500 000		
材料处理(美元)	500 000		
产品包装(美元)	500 000		
总　计	7 500 000		

$$制造费用分配率 = \frac{7\,500\,000}{50\,000 + 15\,000 + 10\,000} = 100(美元/小时)$$

乔治也列出了作业成本法下间接费用分配的有关数据，如表 4—2 所示。

表 4—2　　　　　　　　　　　Valport 公司间接费用分配相关数据

作业成本库	成本动因	三种产品作业成本分摊比例(%)		
		1 号产品	2 号产品	3 号产品
机器维修	机器小时	50	30	20
机器折旧	机器小时	40	20	40
产品检测	检测次数	50	20	30
机器准备	准备次数	45	30	25

续表

作业成本库	成本动因	三种产品作业成本分摊比例(%)		
		1号产品	2号产品	3号产品
材料处理	材料订单数量	45	35	20
产品包装	包装小时	50	30	20

资料来源：https://www.doc88.com/p-25129748974558.html。

[要求]

1. 计算主计长乔治采用作业成本法确定的三种产品成本。
2. 计算作业成本法下三种产品的目标销售价格。
3. 给总经理写一份备忘录，解释传统的制造成本法与作业成本法的不同，并说明传统制造成本可能造成的后果。
4. 公司应做何种战略选择？为什么？

[分析]

1. 根据表4－2，我们计算与分析三种型号的产品成本。具体见表4－3。

表4－3　　　　　　　　　作业成本法下的成本核算　　　　　　　　金额单位：美元

作业成本库	金额	1号产品		2号产品		3号产品	
		分摊比例	分摊金额	分摊比例	分摊金额	分摊比例	分摊金额
机器维修	1 500 000	50%	750 000	30%	450 000	20%	300 000
机器折旧	3 000 000	40%	1 200 000	20%	600 000	40%	1 200 000
产品检测	1 500 000	50%	750 000	20%	300 000	30%	450 000
机器准备	500 000	45%	225 000	30%	150 000	25%	125 000
材料处理	500 000	45%	225 000	35%	175 000	20%	100 000
产品包装	500 000	50%	250 000	30%	150 000	20%	100 000
合　计	7 500 000		3 400 000		1 825 000		2 275 000

根据表4－3，编制产品成本计算表4－4。

表4－4　　　　　　　　　　　产品成本计算表

项　目	1号产品	2号产品	3号产品
年产销数量(件)	100 000	50 000	10 000
单位产品直接材料(美元)	10	25	40
单位产品直接人工(美元)	10	6	20
直接材料(美元)	1 000 000	1 250 000	400 000
直接人工(美元)	1 000 000	300 000	200 000
制造费用(美元)	3 400 000	1 825 000	2 275 000
总成本(美元)	5 400 000	3 375 000	2 875 000
单位产品成本(美元)	54	67.5	287.5

2. 根据表4-4和公司的定价策略可以得出：
1号产品的目标销售价格=54×110%=59.4(美元)
2号产品的目标销售价格=67.5×110%=74.25(美元)
3号产品的目标销售价格=287.5×110%=316.25(美元)

3. 完全成本法与作业成本法的异同：用完全成本法计算的三种产品的成本分别为70美元、61美元和160美元，而作业成本法计算的产品成本分别为54美元、67.5美元和287.5美元。产生这种不同的原因是两种计算法对制造费用的分摊方法不同。在完全成本法中，制造费用全部按照各产品所消耗的直接人工工时为标准进行分配，1号产品所耗直接人工工时最多，然后是2号产品，消耗直接人工工时最少的是3号产品。在作业成本法下，对各种制造费用明细分别根据成本动因采用不同的标准进行分配，所以两种成本计算方法差别较大，特别是第3号产品，成本差别最大。

所有制造费用都按照统一的直接人工工时进行分配，会使一些与直接人工工时关系不大的成本也按照这一标准分配，造成成本信息扭曲。而作业成本法根据不同的作业动因进行分配，成本分配标准相对客观，能够较准确地反映各产品对资源的消耗情况，因而，成本核算相对而言更加准确。

4. 根据前面的计算和分析，我们可以将1号产品的价格调整到与竞争对手持平或者更低一些，只要高于目标售价就可以实现目标利润。对3号产品因为实际成本有287.5美元，而不是160美元，目标售价为316.25美元，因为公司具有技术优势，而且3号产品提高价格并不影响销售数量，所以需要大幅提高3号产品的售价。2号产品售价由于没有更多数据，需要看目前的售价与74.25的目标售价差别，如果低于74.25美元，就需要提高到74.25美元，保证公司的目标利润的实现。这样就可以使1号产品保持市场竞争力，同时有2号产品和3号产品的正常销售，保持公司的盈利能力和技术优势。

任务一　波兰特电力公司的成本核算及决策

波兰特电力公司是一家公用事业公司，其开单部为两类主要客户——居民户和商业户提供账户查询和账单打印服务。目前，开单部服务的账户有120 000个居民户和20 000个商业户。

有两个因素正在影响波兰特电力公司的获利能力：首先，电力行业的放松管制导致竞争加剧，收费更低，所以该电力公司必须找到降低经营成本的办法；其次，由于大规模地产开发和购物中心的建设，该公司所在地区电力需求将上升。市场部估计下一年度居民户的需求将上升50%，商业户的需求将上升10%。由于开单部目前正在满负荷运转，它需要设法扩大运营能力，以满足预期增加的需求量。一个地方劳务局已提出具有吸引力的更低成本（相对于目前成本）接管开单部的职能。劳务局的方案是：按每一居民户3.5美元以及每一商业户8.5美元提供开单部的全部职能。我们可以看到，波兰特电力公司的管理者面临着战略和经营的双重决策。为了做出更全面的决策，该公司的管理者需要对每一居民户和每一商业户的成本做出准确的估计。

成本数据如表4-5所示。其中查询成本分配如表4-6所示。

表4—5　　　　　　　　　　波兰特电力公司查询成本数据

项目	金额（美元）
电信设备	58 520
计算机	178 000
监管人员	33 600
纸张	7 320
占用房屋空间	47 000
账户查询	118 400
复印机、打印机	55 000
收账单人工成本	67 500
合　计	565 340
成本动因（查询次数）	居民户　18 000次（78.26%）
	商业户　5 000次（21.74%）

表4—6　　　　　　　　　　　　查询成本分配

项目	成本/查询次数（美元）	查询次数	总成本（美元）	账户数	成本/账户数（美元）
居民户	24.58	18 000	442 440	120 000	3.69
商业户	24.58	5 000	122 900	20 000	6.15
合　计	24.58	23 000	565 340	—	—

与开单部有关的成本都是间接成本,因为它们不能以经济上可行的方法明确唯一的客户类型。开单部采用传统的成本核算系统,以两类客户账户查询次数为基础分配所有间接支持成本。所有的成本都"捆"在一起,然后再按客户类型的查询次数分配。开单部当月收到23 000次账户查询,所以每次查询成本是24.58美元,其中18 000次是居民账户查询,占总查询量的78.26%,因此居民账户承担了78.26%的支持成本,而商业户承担了21.74%的支持成本。

公司管理层经过研究认为,通过投资扩大规模而增加利润的措施存在不确定性,因而放弃了该方案。现在管理层打算通过自制和外包决策,调整品种,增加利润。然而根据上述计算,两类客户的自制成本都高于外包成本,如果把业务全部包出去,将导致公司经营的空心化。由于商业户的查询更为复杂,管理层认为上述核算方法可能存在问题。为更准确地核算成本,管理层收集了以下信息数据,具体如表4—7所示。

表4—7　　　　　　　　　　开单部的作业成本及动因分析

成本项目	作业成本（美元）	作业动因	不同客户消耗的作业动因量	
			居民户	商业户
账户查询	205 332	人工小时数	1 800	1 500
通信费	35 384	发信息数量	1 800	1 000

续表

成本项目	作业成本（美元）	作业动因	不同客户消耗的作业动因量	
			居民户	商业户
账户开单	235 777	单据的行数	1 440 000	1 000 000
单据审核	88 847	账户数	120 000	20 000

资料来源：https://www.doc88.com/p-0834774116323.html? r=1.

[要求]

1. 作业成本是如何计算的？与案例中"捆"在一起的成本有什么区别？
2. 按照管理层收集的数据重新核算两类客户的成本。
3. 根据你计算出的成本如何进行自制或外包的决策？
4. 假如公司将某一类客户外包，对各类作业有何影响？是否能够削减公司的总成本？

任务二　开开公司冰箱停产决策

开开公司生产民用电冰箱，共有高、中、低三个型号产品。型号和价格分别定位于不同的市场。

生产成本中间接费用的分摊按照传统分配方法，只是以单一的直接人工小时为分配标准来进行分配。销售价格按照成本加成 20% 来计算确定。相关信息如表 4—9。

表 4—9　　　　　　　　　　　产品成本信息

项　目	高档品	中档品	低档品
单位直接材料成本（元）	630	375	150
单位直接人工工时（小时）	1	1	0.5
预计产销量（台）	10 000	1 000	20 000

公司预算制造费用为 26 460 000 元，制造费用按照直接人工工时计算分配率为 1 260 元/小时，直接人工成本为每小时 20 元。

公司目前面临越来越大的市场竞争压力，这种竞争尤其来自进口商品。结果是公司低端型号的产品不得不降低价格，以至于毛利率水平很低。公司正在考虑低档产品如果持续盈利能力很差，是否应该停止该产品的生产，转而发展其他产品。

公司就目前的情况向一家咨询公司进行了咨询，咨询专家张先生对公司的情况进行了分析，认为公司目前的成本核算方法已经不适合公司当前的经营，建议采用作业成本法对产品成本进行重新核算。

经过对公司的生产流程的分析，张先生认为目前的制造费用可以划分为与下列作业活动有关的费用：机械加工活动（16 680 000 元），后勤准备活动（3 540 000 元）和建立活动（6 240 000 元）。

公司认为，上述三方面的成本应按各自的成本动因，即机器小时、材料订单和空间来分配，以反映各成本动因对资源的使用情况，而并非简单地按人工小时来分配总费用。

经分析认定，各型号产品对各项资源的占用比例如表 4—10 所示。

表4—10　　　　　　　　　　各型号产品对各项资源的占用比例

	高档品	中档品	低档品
机器小时	45%	15%	40%
材料订单	47%	6%	47%
空间	40%	18%	42%

资料来源：https://www.doc88.com/p-0834774116323.html? r=1.(有改动)

[要求]

1. 为每种型号的产品计算其全部成本和售价，要以公司原来的成本计算方法和作业成本法为基础分别计算。
2. 上述两种成本计算方法意味着什么？
3. 以新方法提供的全新信息为依据，分析该公司应采用什么样的企业战略？
4. 两种方法下中档产品的成本差距为何如此之大？试解释其原因。
5. 两种方法下中档产品成本不同的原因有几个方面的因素？
6. 中档产品、低档产品应如何决策？

任务三　DL公司作业成本法应用实例

一、DL公司成本核算现状及分析

DL公司始建于20世纪90年代，是一家日本独资企业，公司占地面积约为29 720平方米，建筑面积约为46 664.51平方米。投资总额为4 710万美元。现有职工2 500名。

公司主要产品是高级毛巾制品。产成品以外销为主，年销售额为1亿美元左右。面临纺织行业的危机与挑战，DL公司在不断发展技术、开拓国内市场的同时，高度重视成本核算。目前该公司成本核算的具体情况如下：

(一)产品成本的构成及核算

DL公司目前主要业务是订单加工。自其成立以来，产品成本核算一直使用"倒轧成本法"。该公司经过十多年的发展，在制造水平、工艺技术、自动化程度上都有了较大的改变，直接成本在产品成本中所占的比重越来越低，但成本核算方法却没有改变。公司毛巾制品分普通毛巾和雪里绒两大类。产品成本由人工费用、材料费用、制造费用构成。

其成本核算分为两步：第一步，将直接人工、直接原材料按实际发生额直接计入产品的生产成本；第二步，期末将制造费用在在产品和产成品之间以产值为基础进行分配后，再计入产品的成本。具体包括如下步骤：

1. 材料费用的归集与分配。当发出材料时，财务部门不核算发出成本，且没有任何记录，只有车间潦草地记录发出数量，不记金额。月末时，通过实地盘点确认期末在库量，采用加权平均法计算全月的材料加权平均单价乘以发出材料的数量确定发出材料的金额。主要采用"倒轧法"计算发出数量及成本，再以半成品和产成品的数量为基础，在两者之间进行分配。

2. 人工费用的归集与分配。直接人工费用按发生数直接计入产品成本，间接人工费用根据发生部门的不同分别计入制造费，期末时统一分配。

3. 制造费用的归集与分配。将各项间接资源的耗费由财务部门统一归集到制造费用账户，期末统一在普通毛巾和雪里绒之间按产值进行分配，产值＝(期末半成品金额－期初半成品金额)+当期产成品数量×对外售价。

(二)成本分布状况

伴随着产量的持续增长和技术的进步,公司不断引进新设备,很多生产环节逐渐趋向于自动化,致使成本分布也在不断变化。DL公司的成本构成变化如表4—11和图4—1所示。

表4—11　　　　　　　　　　DL公司产品成本构成比例变化趋势

项　目	20×2年	20×3年	20×4年	20×5年	20×6年
直接材料	49%	50%	48%	48%	47%
直接人工	20%	15%	13%	12%	12%
制造费用	31%	35%	39%	40%	41%

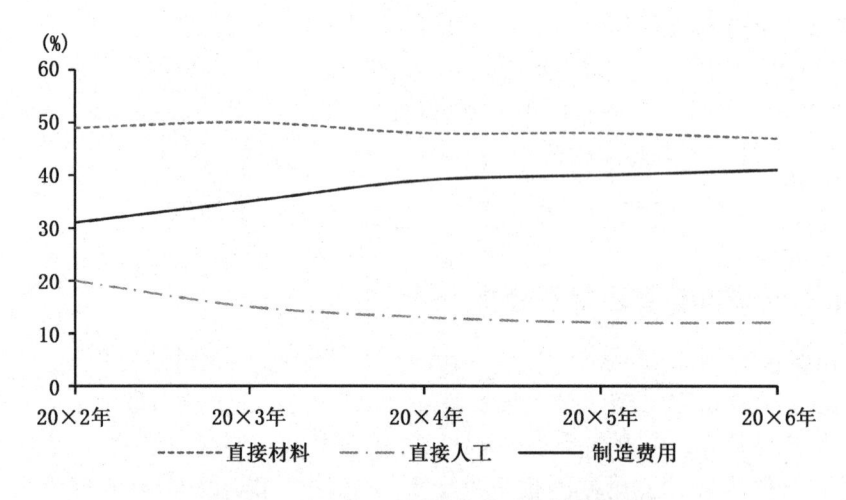

图4—1　DL公司产品成本构成比例趋势图

从表和图中可以看出,该公司的制造费用占产品成本的比例越来越大。

(三)当前成本核算存在的缺陷及原因

第一,原材料计算不实,损失难测。该公司采用"倒轧法"计算原材料的出库数量,由于"以存计销"倒挤成本,从而使非正常耗用或销售的存货损失、差错,甚至偷盗等原因引起的短缺,全部计入耗用或销售成本中,掩盖了仓库管理上存在的问题,削弱了对存货的控制;存货盘点数量不一定准确,易受主观因素影响;以上两点将导致出库材料的成本不实,信息不完全,使管理者无法及时利用有效信息加以管理。本来售价差别很大的普通毛巾产品和雪里绒产品因采用"倒轧法"核算出的成本区别却不大。

第二,制造费用分配不准。该公司的制造费用是构成产品成本的重要组成部分,目前该公司的所有制造费用由财务部统一归集,月末时再以产值为基础进行分配,只是笼统地使用一个分配率进行分配,使各车间的制造费用核算不清。

第三,对外售价价格不准,产品定价难。因该公司材料和制造费用核算不清,导致各种产品的成本核算不准,产成品很难定价,不知究竟哪种产品盈利,哪种亏损,不利于调整产品结构。

二、DL公司实施作业成本法的设计

根据公司成本核算不清的实际,应按生产的工艺流程划分各项作业,充分实行作业成本法,采用多种分配率分配企业的制造费用,设计高效、适用的作业成本法核算体系,有利于保障核算产品成本信息的准确性,从而提高公司的经济效益。

(一)了解生产工艺流程

首先,组织DL公司相关人员的座谈会,了解到企业的生产工艺流程比较复杂,机器设备的耗费较多,用原来的成本核算方法要清晰核算原材料、产品成本比较困难。企业将引进更先进的设备、引进高素质人才,积极开拓国内市场等。其次,查阅各产品的成本资料,对公司的产品结构、各项耗费作初步了解。最后,通过与技术方面的主要负责人进行交流,得知该公司的作业流程主要包括前期准备、织布和后加工阶段,织布阶段工艺比较简单,另外两个阶段工艺则较为复杂。

(二)确定作业及作业中心,选择代表成本动因

根据DL公司的工艺流程划分了原纱处理、织布、后加工、质量检验、生产协调五个作业。原纱处理作业是把原纱处理成标准团线,可直接用于织布机上,包括卷线、染色、浆纱、整经四个步骤。织布作业基本上是由普通毛巾织机、雪里绒织机自动生成产品的过程,分为两个班组。后加工作业,是对产品作进一步的处理过程,包括缝纫、刺绣两个步骤,分别为两个班组。质量检验分为一检、二检两个步骤。原纱处理、织布、后加工作业的成本动因是机器小时、人工工时;质量检验作业的成本动因是生产批次、人工工时。车间管理人员工资及福利、办公费、差旅费、办公设备折旧费等归结为生产协调作业。具体分配如表4-12所示。

表4-12 成本动因

作 业	作业中心	成本动因
卷线	原纱处理	机器小时、人工工时
染色		
浆纱		
整经		
织布	织布	机器小时、人工工时
缝纫	后加工	机器小时、人工工时
刺绣		
质量检验	质量检验	生产批次、人工工时
生产协调	生产协调	生产批次、人工工时

(三)将资源成本分配到产品和各作业中心上

1. 将直接资源费用直接分配到产品上

DL公司直接资源费用主要包括直接材料和直接人工费用,直接材料费用按实际使用数量直接计入,直接人工费用根据月发放记录直接计入。

2. 将间接费用分配至各个作业中心,形成作业成本库

(1)机器设备折旧费用分配。根据各个作业中心所包括的组将各个作业中心的机器设备折旧费用进行汇总,从而得到各个作业中心的折旧费如表4-13所示。

表 4-13　　　　　　　　　　　　　机器设备折旧费用　　　　　　　　　　　　　单位:元

班组名称	折旧费用	作业中心	作业成本合计
卷线组	475 612	原纱处理	2 528 718
染色组	298 688		
浆纱组	1 374 754		
整经组	379 664		
织布组	3 816 914	织布	3 816 914
缝纫组	80 605	后加工	903 607
刺绣组	823 002		
质量检验组	31 066	质量检验	31 066
生产协调组	10 234	生产协调	10 234
合　计	7 290 539		7 290 539

(2) 车间人员的工资和福利费分配。根据各个作业中心所包括的组将各个作业中心的工资进行汇总,从而得到各个作业中心的工资总额和职工福利费用。分配过程与机器设备折旧费用分配相同,表格省略。

(3) 特种辅助材料费用分配。根据后加工作业中心所包括的组将各个作业的特种辅助材料费用进行汇总,从而得到后加工作业中心的特种辅助材料费用如表 4-14 所示。

表 4-14　　　　　　　　　　　　　特种辅助材料费用　　　　　　　　　　　　　金额单位:元

作业中心	作业名称	特种辅助材料	合　计
后加工	缝纫	631 980	984 517
	刺绣	352 537	

(4) 其他间接费用的分配。其他间接费用包括:一般辅助材料、维护修理费、机物料消耗、低值易耗品摊销、取暖费、水电费、运输费、保险费、劳动保护费等。

3. 将作业成本库费用分配到产品中

将成本库中的费用在公司的主要产品普通毛巾和雪里绒之间进行分配。根据上步计算,已经被确定的成本库中的费用,除以该作业中心代表成本动因的总数量得到该作业成本库的成本动因分配率。某种产品消耗为代表成本动因的数量乘以相应成本动因分配率,可得该产品耗用某作业成本库的费用额。此步骤分别将机器设备折旧费用、工资、福利费、特种辅助材料、专有技术费用及其他费用分配到产品中。以机器设备折旧费用分配到产品为例,如表 4-15 和表 4-16 所示。

表 4-15　　　　　　　　　机器设备折旧费用成本动因分配率计算　　　　　　　　　金额单位:元

作业中心	机器设备折旧费 （作业成本）	成本动因	成本动因量	成本动因分配率 （元/小时或次）
原纱处理	2 528 718	机器小时	700 小时	3 612.45
织布	3 816 914	机器小时	623 小时	6 126.67

续表

作业中心	机器设备折旧费（作业成本）	成本动因	成本动因量	成本动因分配率（元/小时或次）
后加工	903 607	机器小时	345 小时	2 619.15
质量检验	31 066	生产批次	12 次	2 588.83
生产协调	10 234	生产批次	12 次	852.83

表 4—16　　　　　　　　　　　机器设备折旧费用分配　　　　　　　　　　金额单位：元

作业中心	成本动因分配率	普通毛巾 作业量	普通毛巾 作业成本	雪里绒 作业量	雪里绒 作业成本	作业成本合计
原纱处理	3 612.45	594	2 145 798	106	382 920	2 528 718
织布	6 126.67	473	2 897 915	150	919 000	3 816 914
后加工	2 619.15	265	694 075	80	209 532	903 607
质量检验	2 588.83	10	25 888	2	5 178	31 066
生产协调	852.83	10	8 528	2	1 706	10 234

核算对象的作业成本＝该核算对象的作业量×作业成本库动因分配率

某作业成本动因分配率＝某作业成本库资源费用合计÷全部产品某作业动因量合计

每个产品应分摊的生产协调费用＝每批产品应分摊的生产协调费用÷每批产品数量

每个产品应分摊的质量检验费用＝每次产品应分摊的质量检验费用÷每次产品数量

使用作业成本法核算法，经过上面5次分配，可以知道分配到普通毛巾、雪里绒的制造费用分别为3 987 828元和10 864 966元，进而核算出两种产品的成本。

三、作业成本法与传统成本法下的产品成本计算

（一）完全成本法和作业成本法计算出的产品成本

在财务及各车间成员的支持下，查阅相关的成本资料，并获得各项作业消耗的资源费用数据以及部分成本动因数据，汇总计算得出使用完全成本法（见表4—17）和使用作业成本法（见表4—18）下的各种费用情况（以下资料为20×6年数据）。

表 4—17　　　　　　　　　　　完全成本法产品成本资料　　　　　　　　　　单位：元

项　目	普通毛巾	雪里绒	合　计
直接材料	11 305 000	7 636 667	18 941 667
直接人工	2 365 292	978 400	3 343 692
制造费用	11 617 427	3 235 367	14 852 794
合　计	25 287 719	11 850 434	
产量（件）	583 342	80 244	
单位产品成本	43.35	147.68	

表 4—18　　　　　　　　　作业成本法的产品成本资料　　　　　　　　　　　单位：元

项　目	普通毛巾	雪里绒	合　计
直接材料	11 305 000	7 636 667	18 941 667
直接人工	2 365 292	978 400	3 343 692
制造费用	3 987 828	10 864 966	14 852 794
合　计	17 658 120	19 480 033	
产量（件）	583 342	80 244	
单位产品成本	30.27	242.76	
单位制造费用	6.84	135.40	

（二）产品成本对比及差异分析

1. 成本差异描述

在用作业成本计算法分析产品成本时，对产品的直接成本（即直接材料和直接人工）的计算，仍然采用的是传统的成本计算方法。所以，在将作业成本计算法计算的产品生产成本与传统成本法计算的产品生产成本进行对比时，将只对比和分析其在制造费用的计算上存在的差异，如表 4—19 和表 4—20 所示。

表 4—19　　　　　　　作业成本法与完全成本法产品成本对比　　　　　　　　　单位：元

品种＼项目	直接材料	直接人工	制造费用 作业成本法	制造费用 完全成本法	单位产品成本 作业成本法	单位产品成本 完全成本法	单位制造费用 作业成本法	单位制造费用 完全成本法
普通毛巾	11 305 000	2 365 292	3 987 828	11 617 427	30.27	43.35	6.84	19.92
雪里绒	7 636 667	978 400	10 864 966	3 235 367	242.76	147.68	135.40	40.32

表 4—20　　　　　　　作业成本法与完全成本法产品成本差异分析

品种＼项目	单位产品成本 作业成本法②	单位产品成本 完全成本法①	成本差异率＝(②－①)/①	去除直接成本后的产品成本 作业成本法②	去除直接成本后的产品成本 完全成本法①	成本差异率＝(②－①)/①
普通毛巾	30.27	43.35	－30.17％	6.84	19.92	－65.67％
雪里绒	242.76	147.68	64.38％	135.40	40.32	235.82％

在表 4—20 中，成本差异额及成本差异率大于零，表示传统成本法低估了产品成本；成本差异额及成本差异率小于零，表示传统成本法高估了产品成本。成本差异率的绝对值很大，表示完全成本法低估或高估的程度越大，成本信息的扭曲程度越严重。

资料来源：https://wenku.so.com/d/7592c860064c5e3df9ea0aec93486a13。

［要求］

分析该公司两种成本差异分析表，你能得出什么结论？

【问题思考】

1. 你认为为一个企业设计出合适的作业成本法要做哪些重要的工作？
2. 是不是所有企业都适合用作业成本法？

实训五　本量利分析

【知识结构图】

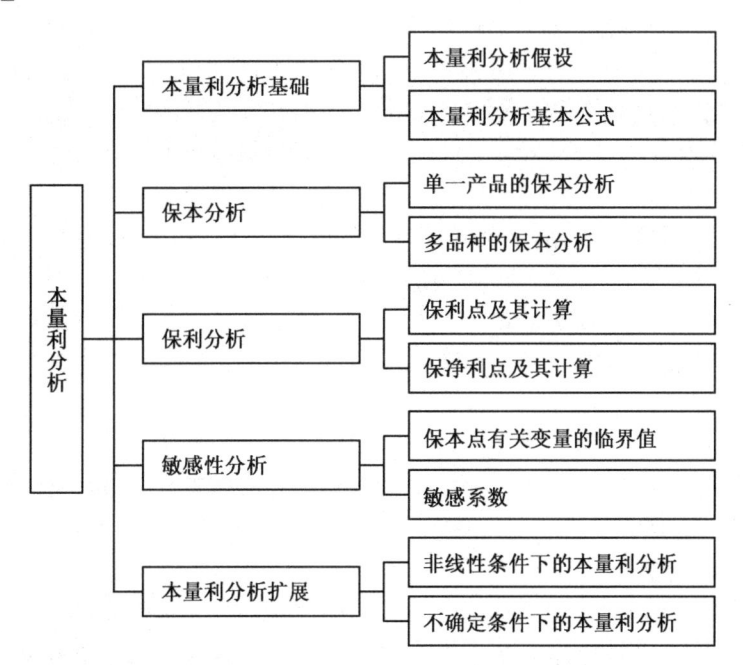

```
                    ┌─ 本量利分析基础 ─┬─ 本量利分析假设
                    │                  └─ 本量利分析基本公式
                    │
                    ├─ 保本分析 ──────┬─ 单一产品的保本分析
                    │                  └─ 多品种的保本分析
            本量利  │
            分析    ├─ 保利分析 ──────┬─ 保利点及其计算
                    │                  └─ 保净利点及其计算
                    │
                    ├─ 敏感性分析 ────┬─ 保本点有关变量的临界值
                    │                  └─ 敏感系数
                    │
                    └─ 本量利分析扩展 ┬─ 非线性条件下的本量利分析
                                      └─ 不确定条件下的本量利分析
```

【知识的理解与运用】

一、单项选择题

1. A产品的单位变动成本为10元,固定成本5 000元,单价15元,目标利润为8 000元,则实现目标利润的销售量为(　　)件。

　　A. 1 000　　　　　　B. 2 600　　　　　　C. 1 600　　　　　　D. 1 300

2. 下列关于敏感系数的说法中,不正确的是(　　)。

　　A. 敏感系数＝目标值变动百分比÷参量值变动百分比

　　B. 敏感系数越小,说明利润对该参数的变化越不敏感

C. 敏感系数绝对值越大,说明利润对该参数的变化越敏感
D. 敏感系数为负值,表明因素的变动方向和目标值的变动方向相反

3. 假设某企业只生产和销售一种产品,单价50元,边际贡献率40%,每年固定成本300万元,预计来年产销量20万件,则价格对利润影响的敏感系数为( )。
A. 10　　　　　　B. 8　　　　　　C. 4　　　　　　D. 40%

4. 某企业生产甲产品,已知该产品的单价为20元,单位变动成本为8元,销售量为600件,固定成本总额为2 800元,则边际贡献率和安全边际率分别为( )。
A. 60%和61.11%　　　　　　B. 60%和40%
C. 40%和66.11%　　　　　　D. 40%和60%

5. 某产品的单位变动成本因耗用的原材料涨价而提高了1元,企业为抵消该变动的不利影响决定提高产品售价1元,假设其他因素不变,则该产品的盈亏临界点销售额( )。
A. 不变　　　　　　　　　　B. 降低
C. 提高　　　　　　　　　　D. 三种情况都可能出现

6. 在本量利分析中,必须假定产品成本的计算基础是( )。
A. 完全成本法　　B. 变动成本法　　C. 吸收成本法　　D. 制造成本法

7. 单价单独变动时,会使安全边际( )。
A. 不变　　　B. 不一定变动　　C. 同方向变动　　D. 反方向变动

8. 在正常销售量不变的条件下,盈亏临界点的销售量越大,说明企业的( )。
A. 经营风险越小　　　　　　B. 经营风险越大
C. 财务风险越小　　　　　　D. 财务风险越大

9. 某企业生产经营A产品,正常开工的销售收入为120万元,变动成本率为60%,A产品应负担的固定成本为30万元,则A产品盈亏临界点的作业率为( )。
A. 75%　　　　　B. 66.67%　　　　C. 62.5%　　　　D. 60%

二、多项选择题

1. 边际贡献率等于( )。
A. 边际贡献/销售收入×100%　　　B. 单位边际贡献/单价×100%
C. 1-安全边际率　　　　　　　　D. 1-变动成本率

2. 企业利润等于( )。
A. 正常销量×单位边际贡献　　　　B. 实际订货额×边际贡献率
C. 安全边际量×单位边际贡献　　　D. 安全边际额×边际贡献率

3. 某企业只生产一种产品,单价为10元,单位变动成本为6元,固定成本5 000元,销量1 000件。欲实现目标利润2 000元,可以采取的措施不包括( )。
A. 单价提高到12元,其他条件不变
B. 单位变动成本降低至3元,其他条件不变
C. 固定成本降低至4 000元,其他条件不变
D. 销量增加至1 500件,其他条件不变

4. 下列选项中可以视为盈亏临界状态的有( )。
A. 销售收入总额与成本总额相等　　B. 销售收入线与总成本线的交点
C. 边际贡献与固定成本相等　　　　D. 变动成本与固定成本相等

5. 在进行本量利分析时,假定其他因素不变,仅提高销售单价,将会导致(   )。
   A. 保利点下降   B. 保本点上升
   C. 单位贡献毛益增加   D. 贡献毛益率提高
6. 本量利分析基于以下假设:(   )。
   A. 总成本由固定成本和变动成本两部分组成
   B. 销售收入与业务量呈完全线性关系
   C. 产销平衡
   D. 产品产销结构稳定

三、判断题

1. 保本点作业率能够反映保本状态下的生产经营的利用程度。   (   )
2. 当企业生产经营多种产品时,无法使用本量利分析法。   (   )
3. 在多品种生产的条件下,提高贡献边际率水平较高的产品的销售比重,可降低整个企业综合保本额。   (   )
4. 若单价与单位变动成本同方向同比例变动,则保本点业务量不变。   (   )

【案例分析】

示例　金鑫公司本量利的敏感性分析

金鑫公司是一家生产烧烤炭的小型企业,年正常生产量为 200 吨,最近一期的财务报表如表 5-1 所示。

表 5-1　　　　　　　　　金鑫公司利润表(20×2 年)　　　　　　　　　单位:元

销售额(100 吨,单价 3 800 元/吨)		380 000
减:销售成本		
直接材料	160 000	
直接人工	70 000	
制造费用:		
变动制造费用	10 000	
固定制造费用	20 000	260 000
销售毛利		120 000
减:经营费用		
销售费用:		
变动销售费用(销售佣金)	30 000	
固定销售费用(广告、薪金)	30 000	
管理费用:		
变动管理费用(单证费等)	8 000	
固定管理费用(工资等)	60 000	128 000
净损益		(8 000)

金鑫公司的所有变动费用是随着销售量变动而变动的,变动性制造费用是每吨 100 元。该公司已经连续几年亏损,管理当局正在研究几种扭亏方案的可行性。

资料来源:杜学森. 管理会计实训教程[M]. 南京:东南大学出版社,2005.(有改动)

[要求]

1. 采用变动成本法重新编制 20×2 年的利润表。

2. 金鑫公司总经理正在考虑两种方案:

(1)公司副总经理建议明年降低单位售价 10%,这样估计可以使销售量上升 80%。

(2)销售经理建议明年提高单位售价 20%,同时销售佣金提高 15%,广告费投入 10 000 元。基于市场研究,销售经理确信这样可以提高 30% 的销售量。

基于以上两种建议,分别使用变动成本法编制 20×3 年的利润表。

3. 经过分析,总经理认为改变销售价格是不合理的。他提出在产品生产过程中尽量使用便宜的材料,从而使每吨产品降低成本 500 元。如果是这样的话,为使 20×3 年的利润达到 30 100 元,销售量要达到多少?

4. 公司董事会认为公司的最大问题是产量过低,同时宣传推广不够,销售量低。因此,公司计划 20×3 年产量翻一番,达到 400 吨。经过分析,公司通过增加广告费用加大宣传可以实现销售量 350 吨。分析一下公司要实现 20×3 年至少 15% 的成本利润率,广告费的投入最多是多少?

5. 金鑫公司收到一笔海外的需求订货,海外分销商希望以某个价格订购 50 吨的产品。这笔订单不需要销售佣金,需要运费 10 000 元,变动管理费用可以降低 35%。此外,金鑫公司还需要支付 8 000 元的额外保险费用。请问金鑫公司的这笔订单售价达到多少时,可以使公司的总利润达到 22 000 元?(假设该订单不会影响到公司的正常生产,企业所得税率是 20%。)

[分析]

1. 根据表 5-1 的数据可知,每吨产品直接材料成本=160 000÷100=1 600(元),每吨产品直接人工成本=70 000÷100=700(元),每吨产品变动制造费用=10 000÷100=100(元),所以每吨产品成本=1 600+700+100=2 400(元),每吨变动期间费用=(30 000+8 000)÷100=380(元),固定性制造费用=20 000÷100×200=40 000(元),固定性销售和管理费用=30 000+60 000=90 000(元),产品单位变动成本=2 400+380=2 780(元),单价为 3 800 元,固定成本为 130 000 元。

根据前面的分析,按照变动成本计算法重新编制 20×2 年的利润表,如表 5-2 所示。

表 5-2　　　　　　　　　按照变动成本计算法编制 20×2 年利润表

项　目	金额(元)
销售收入	380 000
减:变动成本	
变动产品成本	240 000
变动期间费用	38 000
变动成本合计	278 000
边际贡献	102 000
减:固定成本	

续表

项　目	金额（元）
固定性制造费用	40 000
固定性期间费用	90 000
固定成本合计	130 000
税前净利	(28 000)

2. 如果明年单价降低10%，销售量提高80%，则销售量为100×1.8＝180（吨），单价＝3 800×(1－0.1)＝3 420（元），则根据前面的分析，编制方案(1)20×3年的预计利润表，如表5－3所示。

表5－3　　　　　　　　　　方案(1)20×3年预计利润表

项　目	金额（元）
销售收入(3 420×180)	615 600
减：变动成本	
变动产品成本(2 400×180)	432 000
变动期间费用(380×180)	68 400
变动成本合计	500 400
边际贡献	115 200
减：固定成本	
固定性制造费用	40 000
固定性期间费用	90 000
固定成本合计	130 000
税前净利	(14 800)

如果明年单价提高20%，则新的价格＝3 800×1.2＝4 560（元），销售佣金提高15%，则每吨变动销售费用＝300×1.15＝345（元），每吨变动期间费用＝345＋8 000÷100＝425（元），销量提高30%后，销售量达到100×1.3＝130（吨）

基于前述分析，编制方案(2)20×3年预计利润表，具体见表5－4。

表5－4　　　　　　　　　　方案(2)20×3年预计利润表

项　目	金额（元）
销售收入(4 560×130)	592 800
减：变动成本	
变动产品成本(2 400×130)	312 000
变动期间费用(425×130)	55 250
变动成本合计	367 250

续表

项　目	金额(元)
边际贡献	225 550
减:固定成本	
固定性制造费用	40 000
固定性期间费用	100 000
固定成本合计	140 000
税前净利	85 550

3. 单位产品降低500元成本后,单位变动生产成本2 400－500＝1 900(元),产品单位变动成本＝1 900＋380＝2 280(元),单价为3 800元。固定成本为130 000元,则根据本量利分析的保利分析有:

$$X_1=\frac{F+TP}{p-b}=\frac{30\ 100+130\ 000}{3\ 800-2\ 280}=105.33(吨)$$

根据上述分析,销量至少要达到105.33吨,才能实现目标利润。

4. 假设投入的广告费用为x,则根据条件可以列出以下方程:

$[350×(3\ 800-2\ 780)-130\ 000-x]÷[2\ 780×350+130\ 000+x]=0.15$

解方程有:$x=53\ 521.74(元)$

所以,公司广告费投入53 521.74元,在销售达到350吨的情况下,还能取得15％的成本利润率。

5. 设该订单价格为x,如果接受该订单,使公司的全部净利润达到22 000元,则税前利润应该达到22 000÷(1－0.2)＝27 500(元),公司原有销售亏损28 000元,接受该订单实现55 500元税前利润,该订单的变动管理费用＝80×(1－0.35)＝52(元),产品单位变动成本＝2 400＋52＋300＝2 752(元),该订单带来的固定成本为10 000＋8 000＝18 000(元)。

根据前面的分析可得式子:

$50×(x-2\ 752)-18\ 000=55\ 500$

解方程得$x=4\ 222(元)$

所以该海外订单价格为4 222元时,会使总公司实现22 000元的利润。

任务一　大发搬家公司的降价决策

大发搬家公司现有2名管理人员,负责接听顾客电话、安排调度搬运工人以及其他管理工作,每人每月固定工资2 000元;招聘搬运工人30名,搬运工人工资采取底薪加计时工资制,每人除每月固定工资800元外,每1小时搬运还可获得10元钱。搬家公司按提供搬运服务小时数向顾客收取费用,目前每小时收费20元,每天平均有160小时的搬运服务需求,每月按30天计算。根据目前搬运工人的数量,搬家公司每天可提供240小时的搬运服务,除工资外的固定成本为8 000元。为了充分利用现有服务能力,搬家公司拟采取降价10％的促销措施。预计降价后每天的搬运服务需求小时数将大幅提高。

资料来源:http://www.school51.com/train/exam_content/62314.html。

[要求]

1. 计算采取降价措施前搬家公司每月的边际贡献和税前利润。
2. 计算采取降价措施前搬家公司每月的盈亏临界点销售量和安全边际率。
3. 降价后每月搬运服务需求至少应达到多少小时,降价措施才是可行的?此时的安全边际是多少?
4. 根据前面的分析,评价该降价措施给公司带来的效应。

任务二 度假村的经营决策

某旅游公司拥有和经营一个度假村。该度假村包括客房部、一个商务中心、一个餐厅和一个健身房。该度假村编制了一份详细的营业旺季的预算。营业旺季历时20周,其中高峰期为8周。客房部拥有80间单人房和40间双人房,双人房的收费为单人房收费的1.5倍。有关预算资料如下:

(1) 客房部:单人房每日变动成本为26元,双人房每日变动成本为35元。客房部固定成本为713 000元。

(2) 健身房:度假村住客每人每天收费4元,零星散客消费者每人每天收费10元。健身设施的固定成本为54 000元,日变动成本忽略不计。

(3) 餐厅:平均每个客人给餐厅每天带来3元的边际贡献。固定成本为25 000元。

(4) 商务中心:商务中心承包给他人经营,每个营业旺季可增加度假村边际贡献总额40 000元。

(5) 预定情况:营业高峰期客房部所有客房都已被预订。在其余12周,双人房出租率为60%,单人房出租率为70%。零星散客每天为50人。

假定所有的住客和零星散客都使用健身设施和在餐厅用餐。假定双人房每次同时住两个人。

资料来源:https://www.docin.com/p-356033409.html。

[要求]

1. 客房部确定的营业旺季目标利润为300 000元,那么每间单人房和双人房的收费各应为多少?
2. 客房部达到保本点时,单人房和双人房的最低收费各应为多少?
3. 如果客房部利润为300 000元,那么度假村营业旺季总利润可达到多少?
(计算结果保留整数)

任务三 红云鞋厂的经营决策

上海红云制鞋厂生产一种高级室内拖鞋,企业坚持"质量第一,用户至上"的经营宗旨,开展技术创新,创名优产品。产品有卡通系列童拖鞋、绣花系列女拖鞋、印花系列拖鞋、精灵保暖拖鞋、竹草凉席拖鞋,花色品种达200余种。年生产能力为100 000双,根据销售预测编制计划年度利润表如表5-5所示。

表5-5　　　　　　　　　　计划年度预计利润表

销售收入(80 000双)	每双售价10元	800 000
	单位成本(元)	总成本(元)
生产成本:	8.125	650 000

续表

	单位成本(元)	总成本(元)
其中:直接材料	4.025	322 000
直接人工	0.975	78 000
制造费用*	3.125	250 000
销售费用	1.5	120 000
其中:门市部门销售计件工资	0.5	40 000
门市部门管理费用*	1	80 000
税前利润	0.375	30 000

注:制造费用、管理费用80%是固定成本。

年初东方宾馆直接来厂订货30 000双鞋但每双只愿出价7.50元,而且必须一次全部购置,否则不要。此项业务不会影响该厂在市场上的正常销售量。对东方宾馆的订货,厂长认为对方出价7.50元大大低于生产和销售成本,而且还影响10 000双鞋的正常销售,可能造成亏损,不应接受。生产科长算了一笔账,认为即使减少正常销售10 000双鞋,按7.50元接受30 000双鞋订货对企业还是有利的,应该接受。销售科长认为正常销售量应该保证,不能减少。接受30 000双鞋订货,缺少的10 000双鞋可采取加班的办法来完成,但要支付加班费每双1.80元,其他费用不变。生产科长对销售科长的建议竭力反对,认为这10 000双鞋肯定亏本。销售科长坚持认为这样对企业更有利。

资料来源:https://www.docin.com/p-813079214.html。

[要求]

请以会计科长的身份答复:

1. 厂长的意见对吗?
2. 生产科长的账是怎样算的,利润是多少?
3. 按销售科长的建议,企业的利润应是多少?
4. 应采纳哪一种方案?
5. 如果加班生产10 000双鞋,各方面费用要增加40 000元(包括加班费),应如何决策?

任务四　当代剧院的经营决策

北京市当代剧院是一家以服务社区、为群众提供高雅艺术的非营利组织。日前已经宣告了其来年的经营安排。根据剧院的管理导演麦根的意向,新季的第一部戏将是《莎士比亚著作集锦》。"人们将会喜欢这部戏剧,"麦根说道,"他确实令人捧腹大笑。它拥有所有最著名的饰演莎士比亚戏剧的一线演员。演出尝试展示37部戏剧和154首十四行诗,而所有这一切仅仅在两小时内完成。"

虽然每月卖出大约8 000张戏票,麦根说他期望这会是剧院最好的一年。"记住,"他指出,"对我们来说,好的年份并不意味着较高的利润,因为当代剧院是个非营利组织。对我们来说,好的年份意味着许多人观看我们的戏剧,享受着我们所能提供的最好的当代剧院艺术。"

对麦根来说,当代剧院是个现实的梦想。"我在大学里学习高雅艺术,"他说,"并且我想成为一名演员。我花了10年时间在北京人艺充分展示自己的才干,并花了两年多的时间在伦敦获得了 MFA。但是,我一直清楚自己最终想成为一名导演。当代剧院给了我想要的一切。我在这个古老剧院中管理着美妙的戏剧公司。我一年导演了 6 部戏剧,并且通常在一两部戏中参加演出。"

麦根解释说,当北京市政府同意其使用具有历史意义的市剧院做当代剧院时,戏剧公司从中获得了很大的发展。"市剧院可获得月租费,外加一份来自戏票销售收入的报酬。我们尽力保持票价的合理性,因为我们的目标是将戏剧带入尽可能多的人们生活中去。当然,从财务上说,我们的目标是每年收支刚好持平。我们不想获利,但是我们也不能亏损运作。我们要支付剧本的版税、演员以及其他雇员的工资、保险费以及公用事业费等。陶醉在戏剧里是很容易的,但是注意到事情的商业方面也是我工作的一个重要部分。有时,寻求我们的损益平衡点是很棘手的。我们不得不测算我们的成本会是多少,票价应定在什么水平上,并且估算我们将会从我们的朋友和支持者那里获得多少慈善捐赠。既从财务上又从艺术上知道我们的行动是至关重要的。我们想在未来的许多年中都要将伟大的戏剧带给北京市人民。"

[当代剧院背景资料]

北京市当代剧院作为一个非营利组织,其成立是为了将当代戏剧带给北京市人民。该组织拥有一个兼职的、不要报酬的托管人委员会,它由当地的专业人士组成,他们是热忱的戏剧迷。该委员会雇用了如下的全职雇员:

管理导演:责任包括组织的全面管理,每年执导 6 部戏剧;

艺术导演:责任包括管理每部戏剧的演员和有关制片工作人员,每年执导 6 部戏剧;

业务经理与制片人:责任包括管理组织的商业功能预售票,指导那些负责舞台、灯光、服装以及合成的制片工作人员。

托管人委员会已经与北京市剧院签订了协议,可在其拥有的具有历史意义的市剧院中进行演出。该剧院已经有 30 年未被使用,但是市剧院已同意对其翻新,并提供灯光与音响设备。作为回报,市剧院将获得每月 10 000 元的租金,另外可从每张售出的戏票中获得 8 元。

[预计费用与收入]

剧院的业务经理与制片人白德已经为经营的最初几年做出了预测如表 5-6 所示。

表 5-6　　　　　　　　　　每月固定成本预算数　　　　　　　　　　单位:元

剧院租金	10 000
雇员工资与福利	8 000
演员薪金	15 000
制片工作人员的薪水	5 600
使用剧本而支付给作者的版税	5 000
保险费	1 000
公用事业费——固定部分	1 400
广告与促销	800
管理费用	1 200
每月固定费用合计	48 000

表 5—7　　　　　　　　　每张售出戏票的变动费用表　　　　　　　　　单位：元

每张售出戏票支付给市里的费用	8
其他杂项费用(比如公演通告与戏票的印制;公用事业费的变动部分)	2
每张售出戏票的变动费用合计	10

每张戏票售价 16 元。

(注意：剧院的费用已经根据成本性态划分成固定费用和变动费用。请同学们对每项费用思考其被划分为固定或变动费用的原因。)

[要求]

1. 盈亏临界点分析。

根据上述收入与费用预算,计算每张戏票的贡献毛益以及戏票销售的贡献毛益率。另外,当代剧院在一个月中(一部戏剧的演出)必须售出多少张戏票、实现多少收入才能损益平衡?

2. 目标利润分析。

当代剧院的托管人委员会想为年轻演员和有抱负的剧作者开办免费工作室与课程。这个计划每月将发生 3 600 元的固定费用,包括教师工资和在一所当地大学的场地租金,没有变动费用。如果当代剧院每月能从其演出中获得 3 600 元的利润,则戏剧工作室就能开办。委员会已经请求组织的业务经理与制片人白德来决定。请你帮白德分析在每部戏的一个月演出中必须卖出多少张戏票、实现多少收入才能获得 3 600 元的利润?

3. 安全边际分析。

当代剧院有 450 个座位,一个月演出 20 场戏剧。假定业务经理期望每部戏剧的每场演出都能座无虚席,则预算每月销售收入为 144 000 元。(请同学们思考预算收入怎么求得?)在这种情况下,剧院的安全边际量是多少?安全边际额是多少?利润又是多少?

[提示：安全边际量是预算销售量与盈亏临界点销售量的差额。安全边际给予管理者这样一种感觉,即计划中的经营活动距离组织的损益平衡点有多远。]

4. 盈亏临界图。对白德计算的盈亏临界点,管理导演麦根不是很理解。你能否帮白德画出盈亏临界图以帮助麦根理解?分别采用基本式、贡献毛益式、量利式,并标出利润区与亏损区。(请同学们理解每种图的画图思路,并通过图掌握成本、收入变动对盈亏临界点的影响。)

5. 因素变动对盈亏临界点的影响分析。

(1)固定费用的变化。

①假定业务经理担心,对固定公用事业费每月 1 400 元的估计太低。因此,如果证明固定公用事业费是每月 2 600 元,则盈亏临界点如何变化?

②假定北京市一个艺术组织为了支持当代剧院这一非营利组织,每月对其捐赠 6 000 元,则盈亏临界点如何变化?

[提示：非营利组织经常收到那些渴望支持有价值事业的人们或机构的现金捐赠。捐赠等同于固定费用的减少,它降低了组织的盈亏临界点。]

(2)单位贡献毛益的变化。

①如果剧院的杂项变动费用从每张戏票 2 元提高到 3 元,盈亏临界点如何变化?剧院能否维持损益平衡?

[提示：分析问题时一定要考虑相关范围的界定,就剧院而言,要考虑剧院的现有规模。]

②假定销售价格从 16 元提高到 18 元,新的损益平衡点是多少?这种变化会带来以提高

售价降低盈亏临界点的导向,麦根一定会接受提价的建议吗?

[提示:从实际角度出发,思考提价可能带来的影响以及对剧院追求的目标的影响。]

6. 因素变动对预计利润的影响。

(1)假定组织的托管人委员会考虑了两种不同的戏票价格,业务经理白德对每种价格下的销售量进行了预测,详见表5—8所示。

表5—8　　　　　　　　　　　　　价格与销售预测

戏票价格(元)	预测每月戏票需求量(张)
16	9 000
20	6 000

资料来源:https://www.docin.com/p-261698515.html.

请你为白德提供每种价格下的利润。剧院选择哪种价格比较合适?

两种戏票价格下的利润差异是由于什么因素?

a. 固定费用不同　　b. 不同的单位贡献毛益　　c. 不同的销售量

(2)假定托管人委员会在16元的票价和20元的票价之间进行选择,而业务经理已经如前面部分所示对需求量进行了预测,且如果委员会将票价定在16元,一位著名的已退休居住在北京的女演员每月将捐赠10 000元给当代剧院。女演员关注的是剧院的演出能够为尽可能多的人们所负担得起。

根据上述情况,请你再为白德计算每种价格下的利润。

两种戏票价格下的利润差异是由于什么因素?剧院选择哪种价格比较合适?

a. 固定费用不同　　b. 不同的单位贡献毛益　　c. 不同的销售量

7. 多产品本量利分析。

现在假定,北京市已经同意在这个具有历史意义的剧院中新配置10个包厢。每个包厢5个座位,这些座位比剧院里的一般座位更为舒适,并提供了一个更好的舞台视角。托管人委员会已经决定,一般座位的票价为16元,而包厢座位的票价为20元。这些事实的总结如表5—9所示。

表5—9　　　　　　　　　　　包厢与一般座位销售预测

座位类型	票价	单位变动费用	单位贡献毛益	剧院中的座位数	每月可提供座位数(20场)
一般	16元	10元	6元	450个	9 000个
包厢	20元	10元	10元	50个	1 000个

业务经理估计,每种类型座位的戏票将以可提供座位数的同一比例卖出。(请同学们注意,可提供座位的90%为一般座位,10%为包厢座位。因此,业务经理白德对当代剧院销售组合的估计为90%的一般座位和10%的包厢座位。)

(1)请根据资料,计算销售组合的加权平均贡献毛益。

(2)进一步,计算在剧院增加包厢的情况下,盈亏临界点为多少?在盈亏临界点时,一般座位和包厢座位各自要卖出多少张票?

(3)如果销售组合变为95%的一般座位和5%的包厢座位,盈亏临界点与上一题相比将如何变化?这种变化是由于什么原因?

（请同学们掌握多产品下盈亏临界点的计算以及盈亏临界点下每种产品销售量与销售额的计算。同学们一定要注意在多品种下，不同的销售组合对盈亏临界点的影响。）

任务五　莱恩公司的加薪决策

莱恩公司的高级管理人员现正与员工代表进行工资谈判。工会要求将员工的薪金在目前固定薪金的基础上增加15%，而管理人员则建议增加5%。高级管理人员非常不愿意接受工会的要求，但愿意考虑做出让步，条件是必须按生产量计算加薪幅度。管理人员建议的加薪幅度是目前薪金的5%，另外每件产成品再额外给予0.30元。如果达成协议，估计在预算工时（正常生产能力）内产量将有10%的增长。如果要把增加的产量卖掉，销售经理估计必须把售价降低0.5元。

公司下年的初步预算如表5-10所示，此预算并不包括工资及销售的增加。

表5-10　　　　　　　　　　公司下年的初步预算表

项　目	金额（万元）
销售收入（1 500 000件）	1 200
直接材料	240
直接人工	360
变动制造费用	54
固定制造费用	192
变动销售费用（销售额的5%）	60
固定销售费用	114
变动分销费用	18
固定分销费用	24
固定管理费用	50.2
成本费用合计	1 112.2
营业利润	87.8

资料来源：https://www.docin.com/p-356033409.html。

[要求]

1.（1）假设管理人员接受工会的要求；（2）假设工会接受按生产量计算的提议，请重新计算预算业绩。

2.如果选择按生产量计算报酬的建议，工人最少需要生产多少件产成品才能使其报酬与15%工资增幅方案相同？

3.如果管理部门要求最少800 000元的利润，在按生产量计算报酬的建议下，请计算管理部门可接受的最大售价减幅。

4.指出可能影响选择按生产量计算报酬建议的一些因素。

任务六　华夏电动车公司的降价决策

华夏电动车有限公司成立于2×04年，是一家以专业研发锂电电动车为主，集设计、制造、销售、服务为一体的高科技集团化企业，现有生产能力75万辆，公司所得税税率为25%。电动自行车是适用于个人短途使用的交通工具,具有零排放、低噪声、低能耗、低使用费、安全易骑的优点,符合节能、环保的发展潮流。但2×08年的金融危机影响了电动自行车行业,公司的产销量逐月下降,2×09年金融危机仍未平息,但2×09年下半年经济有止跌企稳的迹象。

公司的财务经理李浩已经编制了2×10年预算利润表,如表5—11所示。

表5—11　　　　　　　　　2×10年华夏电动车有限公司预算利润表　　　　　　　　　单位:万元

项　目	金　额
销售额(60万×1 900)	114 000
制造成本	
变动性制造成本(60万×950)	57 000
固定性制造成本	6 000
制造成本合计	63 000
销售毛利	51 000
变动性销售及管理费用(60万×150)	9 000
固定性销售及管理费用	12 000
销售及管理费用合计	21 000
税前利润	30 000
减:所得税(30 000×25%)	7 500
净利润	22 500

财务经理李浩把这份报告呈送给华夏电动车有限公司的总经理张强先生,并进一步解释:"我是按照2×09年1—10月的平均月产销5万辆以及销售价格1 900元不变来编制预算的。但据我们了解,2×10年市场竞争将更加激烈,如果我们不把售价调低,估计2×10年的销售量将下降,那么目标利润将无法实现。"总经理张强说:"是啊,受金融危机的影响,电动自行车的出口数量逐月下降,很多电动自行车生产企业将增加在国内市场的供应量,国内电动车市场必然有更激烈的竞争,而且一说竞争,就是降价。"财务经理李浩说:"那我们也应该降价应对,以使销售量不至于降低,并力争有所增加。"总经理说:"从2×09年下半年来看,经济有所止跌企稳,估计2×10年市场总量将会有所增加。那你让市场部经理黄良诚先生将调价与销量的有关数据提供给我看看。"黄良诚根据公司以及市场情况提供了价格与销量的有关预测数据,如表5—12所示。

表5—12　　　　　　　　　　　售价与销量关系预测表

每辆售价(元)	销量(万辆)
1 900	58
1 850	62
1 800	70
1 750	75

总经理看了这些数据,还是无法判定该降价多少才能实现目标利润,对财务经理李浩说:"那你根据这些数据,分析一下降价多少最佳,并分析一下保本量是多少。"

资料来源:https://www.docin.com/p-500752942.html。

[**要求**]

你帮财务经理李浩对 2×10 年的情况做如下分析：

1. 若不降价，预算可以实现税后利润为多少？
2. 售价下降后保本量和可实现的税后利润为多少？
3. 请根据上一问的分析结果，为公司选择合适的降价方案。
4. 售价下降后销售量应达到多少才能实现目标利润？

任务七　戴维的数据报告有问题吗？

戴维是公司某产品分部的销售经理，现在他正根据分部经理的要求对新产品进行销售量预测。公司总经理正在收集有关数据，以决定对两种不同生产线进行选择。第一种生产线每件产品变动成本为 10 元，固定成本总额为 10 万元；第二种生产线每件产品变动生产成本为 6 元，固定成本为 20 万元。每件产品销售价格为 30 元，价格水平比较平稳，根据预测，戴维分析预测的结果是销售量 30 000 件。

戴维不愿意将结果报告给总公司，因为他知道第一种生产线是传统的劳动密集型的，第二种生产线是自动化生产，只需要少数现场管理工人。如果公司选用第一种生产线，他的好友将会继任主管；而选择自动化生产线，他的好友和生产线工人都会被解雇，这是他难以接受的。

因此，他决定将销售量预测下调到 22 000 件，并认为这种下调是合理的，因为这将使公司选择手工生产系统。

资料来源：雷 H. 加里森等. 管理会计（原书第 11 版）[M]. 罗飞等译. 北京：机械工业出版社，2011.

[**要求**]

1. 分别计算两种生产线的盈亏点。
2. 计算两种生产线利润相同时的销售量，分别确定手工生产系统和自动化系统各自的盈利范围。
3. 讨论分析戴维改变分析预测的合理性，你赞同投资决策时必须考虑对雇员的影响吗？
4. 如果戴维不是管理会计师，他是否也必须遵守管理会计师职业道德准则？

任务八　迈克的困惑

迈克·法斯特（Mike Furst）在某购物中心的一家宠物店中当经理助理，他每小时的工资为 10 美元。每周他在不超过 72 小时的时间以内，可以在任意时间工作。在迈克的叔叔保尔——纽约西部加油大王的遗嘱中，将杰夫逊大街的法斯特加油站留给了迈克。为了能够推广其加油站，法斯特公司承诺任何一家法斯特加油站可以以 150 000 美元的价格回售给公司。如果考虑出售，没有其他的公司会提出超过 150 000 美元的价格来收购杰夫逊大街的加油站，迈克只能考虑这一选择。

如果继续经营此加油站，协议中规定，法斯特加油站每周必须保持经营 72 个小时。另外，加油站必须以一年为周期向母公司租用所有的设备。同时还必须向公司购入所用的油品等。与此同时，母公司还要求每一个加油站都能够以设计的全部生产能力维持经营。对于在杰夫逊大街的加油站而言，就要求在所有经营时间中配备 2 名从事加油的技术工人和 1 名经理。

法斯特加油站只提供一种服务，即加油并为汽车加润滑剂，每次服务的收费为 22.95 美元。每年，加油站设备的租金为 50 000 美元。从母公司购入油品价格如下：油每夸脱 0.75 美元，过滤器每只 1 美元，润滑剂每 16 盎司 1 美元。每次加油和上润滑剂的服务要耗费 5 夸脱

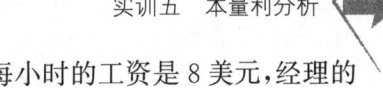

油、1个过滤器和4盎司的润滑剂。每个从事加油工作的技工每小时的工资是8美元,经理的工资是10美元。平均下来,每次加油上润滑剂的服务要耗1个工时。

根据可靠的研究,任何加油站的顾客只随通过该地点的汽车的数量而改变。平均每1 723辆路过的车中,有一辆会到法斯特接受加油和上润滑剂的服务。根据海里塔(Henrietta)商业部门的权威统计,在杰夫逊大街加油站的经营时间中每周有289 464辆汽车以某一恒定的比率通过加油站。如果迈克继续经营这家加油站,他将作为经理每周工作72小时。他唯一关心的是加油站的利润。如果他售出了加油站,迈克将把所获得的款项投资在1年期利率为7%的债券上。

资料来源:https://www.doc88.com/p-9415089137854.html? r=1.

[要求]

假设不考虑税收问题,同时所有的现金流均是无风险现金流。假设每年52周,以1年为期对以下问题做出评价:

1. 每年,杰夫逊大街可提供的服务量有多少?假设迈克继续经营加油站,如不考虑机会成本,加油站提供服务的盈亏平衡点为多少?

2. 对迈克的两项选择进行区分。如果考虑到机会成本,迈克的加油站提供的服务的年盈亏均衡点为多少?

3. 不考虑机会成本,计算迈克的损益情况。在考虑机会成本的情况下,损益情况如何?迈克应该做出怎样的选择?

【问题思考】

1. "社会的趋势正在使保本点上升,所以安全边际会降低。"你认为这一说法正确吗?如果正确,为什么?这一观点在企业管理中重要吗?

2. 为什么管理人员必须懂得他们的公司的成本是如何随着产量的变化而变化的?

实训六 预测管理

【知识结构图】

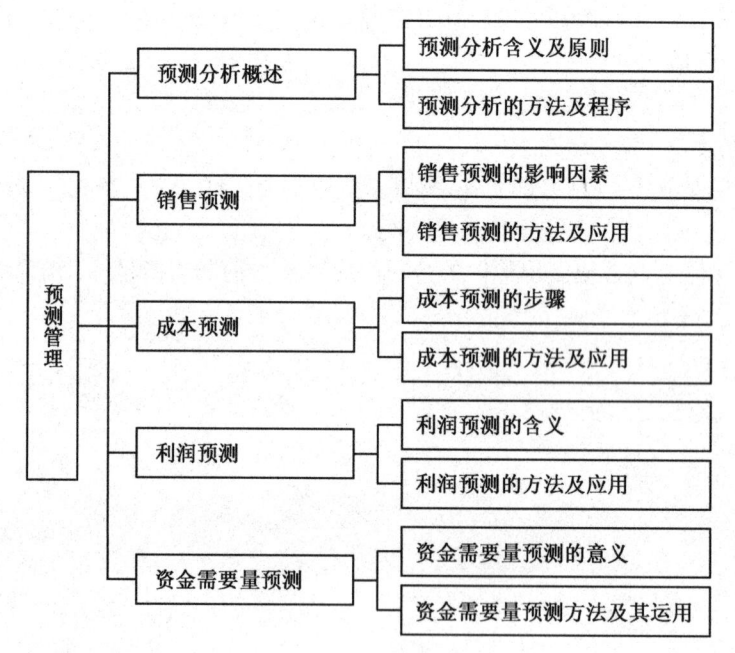

```
                ┌─ 预测分析概述 ──┬─ 预测分析含义及原则
                │                 └─ 预测分析的方法及程序
                │
                ├─ 销售预测 ──────┬─ 销售预测的影响因素
                │                 └─ 销售预测的方法及应用
                │
  预测管理 ─────┼─ 成本预测 ──────┬─ 成本预测的步骤
                │                 └─ 成本预测的方法及应用
                │
                ├─ 利润预测 ──────┬─ 利润预测的含义
                │                 └─ 利润预测的方法及应用
                │
                └─ 资金需要量预测 ┬─ 资金需要量预测的意义
                                  └─ 资金需要量预测方法及其运用
```

【知识的理解与运用】

一、单项选择题

1. 对长期筹资量的预测，下列预测方法中最合适的是（   ）。
   A. 百分比法   B. 比例法   C. 回归法   D. 高低点法

2. 假设某企业计划年度的预计销售收入为 500 000 元，产品税率为 8%，要实现的目标利润为 80 000 元，则企业的目标成本为（   ）。
   A. 380 000 元   B. 460 000 元   C. 620 000 元   D. 120 000 元

3. 在利润敏感性分析中,如果企业正常盈利,则对利润影响程度最高的因素是(　　)。
   A. 单价　　　　　B. 单位变动成本　　C. 销售量　　　　D. 固定成本
4. 在采用平滑指数法进行近期销售预测时,应选择的指数是(　　)。
   A. 固定的平滑指数　　　　　　　　B. 较小的平滑指数
   C. 较大的平滑指数　　　　　　　　D. 任意数值的平滑指数
5. 在下列产品生命周期的不同阶段,产品销量急剧下降的现象通常发生在(　　)。
   A. 萌芽期　　　　B. 成长期　　　　　C. 成熟期　　　　D. 衰退期
6. 平滑指数越大,则近期实际数对预测结果的影响(　　)。
   A. 越大　　　　　B. 越小　　　　　　C. 不大　　　　　D. 不明显
7. 下列各项产品定价方法中,以市场需求为基础的是(　　)。
   A. 目标利润定价法　　　　　　　　B. 保本点定价法
   C. 边际分析定价法　　　　　　　　D. 变动成本定价法
8. 如果单价的灵敏度指标为8%,固定成本的灵敏度指标为2%,则单价和单位变动成本的极限变动率分别为(　　)。
   A. −12.5%和20%　B. −33%和20%　C. 50%和−33%　D. 20%和50%

二、多项选择题

1. 预测分析的基本内容有(　　)。
   A. 销售预测　　　B. 利润预测　　　　C. 成本预测　　　D. 资金预测
2. 利润敏感性分析中四个因素的假定是指(　　)。
   A. 单价　　　　　B. 单位变动成本　　C. 销售量　　　　D. 固定成本总额
   E. 所得税率
3. 在同一产销量水平基础上,经营杠杆系数越大,则(　　)。
   A. 利润变动的程度就越大　　　　　B. 风险就越大
   C. 利润变动的程度就越小　　　　　D. 风险就越小
   E. 无法确定
4. 目标成本方案的提出方法包括(　　)。
   A. 按目标利润预测目标成本
   B. 以本企业历史最好成本水平作为目标成本
   C. 以本企业历史最高的成本作为目标成本
   D. 以国内外同类产品的先进成本水平作为目标成本
   E. 以标准成本、计划成本或定额成本作为目标成本
5. 指标建立法所使用的预测模型包括(　　)。
   A. 企业以前建立的　　　　　　　　B. 其他企业建立的
   C. 自身行业建立的　　　　　　　　D. 企业将要建立的
   E. 其他行业建立的

三、判断题

1. 在同一产销量水平上,经营杠杆系数越大,利润变动幅度就越大,从而风险也就越大。
(　　)

2. 某因素的利润灵敏度指标即为该因素按照有关假定单独变动1%后,使利润增长的百分比。   （   ）
3. 当利润变动率为+80%,销售变动率为+50%时,则经营杠杆系数为1.5。   （   ）
4. 经营杠杆系数与销售量的利润灵敏度指标没有联系。   （   ）
5. 预测分析是企业决策分析的前提。   （   ）
6. 定性分析法与定量分析法在实际应用中是相互排斥的。   （   ）

【案例分析】

示例　销售预测

华艺家用电器厂引进国外先进技术试制一批新的毛皮大衣和高级呢绒服装的清洁吸尘器。这种产品在当地还没有销售记录。于是,工厂决定聘请专家多人来预测明年投放市场后可能的销售量。

在预测前,他们首先对产品的样式、特点和性能用途及可能的售价连同其他地区和国外市场的销售情况做了详细介绍,同时发给每人一张书面意见表,让各人进行判断,经过三次反馈得到资料,如表6-1所示。

表6-1　　　　　　　华艺电器清洁吸尘器销售预测数据　　　　　　　　单位:台

专家姓名	第一次预测			第二次预测			第三次预测		
	最低	可能	最高	最低	可能	最高	最低	可能	最高
A	2 100	7 000	11 900	3 300	7 000	11 900	3 600	8 000	12 800
B	1 500	5 000	9 100	2 100	5 500	9 800	2 700	6 000	12 000
C	2 700	6 500	11 900	3 300	7 500	11 900	3 300	7 000	12 000
D	4 200	8 500	20 000	3 900	7 000	15 300	3 300	5 000	20 000
E	900	2 500	5 600	1 500	4 500	7 700	2 100	5 500	10 400
F	2 000	4 500	9 800	1 800	5 000	10 500	2 100	5 500	10 400
G	1 500	3 000	5 600	1 200	3 500	11 300	2 700	4 500	9 600
H	1 900	3 500	6 800	2 400	4 500	9 100	2 400	4 500	10 400
I	2 100	4 500	13 800	2 100	5 000	15 000	2 100	8 000	10 400
平均数	2 100	5 000	10 500	2 400	5 500	11 400	2 700	6 000	12 000

对资料加以整理,并运用概率进行测算,最低销售量、可能销售量和最高销售量的概率分别为:0.2、0.5、0.3。

该厂零售店经理从该市各大服装公司了解到去年的清洁吸尘器和毛皮大衣及高级呢绒中西服装的销售量有十分密切的关系。已知国外市场为1∶3,国内市场为1∶23,零售店经理估计该市可能的比例为1∶35,销售量约18 429台。

该厂销售人员对如何预测其销售数量产生了不同意见。

第一种意见认为:只要把专家预测判断数加以平均,再适当地考虑概率因素即可,以此作为销售预测量。

第二种意见认为：应排除专家预测中的各种最大和最小因素后，才加以平均，因此也无须考虑概率因素。

第三种意见则坚持按服装和产品的比率来确定全年的销售量，认为无须考虑专家预测因素。

资料来源：https://wenku.so.com/d/131cc5c5a1ea7638b6a88696782d9f88。

［要求］

上述几种方案，哪种最合理（说明理由）？具体预测销售量应为多少？

［分析］

从长远来看，按吸尘器与服装销售量的比率进行预测，是比较合理的。特别是国内市场已有过去销售记录，完全可供参考。

但是从本案例具体情况来看，该吸尘器属于新产品试销性质，要一下子达到国内市场销售水平要有一个过程。第一年销售数不能期望过高。资料对零售店经理的估计可能比例为1∶35，没有进一步提供依据，缺乏说服力。预测可能建立在单纯的主观估计上。如果零售店经理能够提供数据，说明理由，应该首先考虑零售店经理的意见。

如果零售店经理不能证明他的意见是合理的，则采用专家意见，并考虑概率因素，可作为销售预测依据。因为专家意见，并经过两次反馈，应该说各方面情况都考虑到了，是可以相信的。按照这种方法预测销售量如下：

$2\,700 \times 0.2 + 6\,000 \times 0.5 + 12\,000 \times 0.3 = 7\,140$（台）

必须指出上述概率0.2、0.5、0.3，应该是各专家估计的各种可能性概率平均数。如果专家提供资料中没有做出估计，仅凭预测人员主观决定，则不如另一部分同志的意见，即排除专家预测中最大、最小因素后，可能数的平均值作为预测数也就是6 000台。

任务一　蜀乐香辣酱厂的利润预测

蜀乐香辣酱厂是一家生产瓶装香辣酱的企业，在20×1年度湖南、湖北、重庆和四川的几大主要香辣酱厂普遍盈利的情况下，蜀乐香辣酱厂仅获得微利。厂领导班子在分析讨论后认为，本厂的瓶装香辣酱就销量、价格与"老干妈""阿香婆"相比，并无太大差异，造成有价无利情况的原因应该是在成本管理方面存在问题。因此，厂领导班子召开会议决定推进管理会计在本厂的应用，强化成本核算与管理。

蜀乐香辣酱厂20×0年度和20×1年度的损益比较表，如表6—2所示。

表6—2　　　　　蜀乐香辣酱厂20×0年和20×1年度损益比较表　　　　　单位：万元

项　目	20×0年	20×1年
一、主营业务收入	5 017.35	5 243.32
减：销售折让	13.27	24.21
主营业务收入净额	5 004.08	5 219.11
减：主营业务成本	3 201.77	3 604.44
主营业务税金及附加	317.49	417.83
二、主营业务利润	1 484.82	1 196.84
加：其他业务利润	35.76	23.46

续表

项 目	20×0年	20×1年
减:存货跌价损失		
营业费用	476.58	574.31
管理费用	690.32	373.25
财务费用	317.87	85.43
三、营业利润	35.81	187.31
加:投资收益	18.54	−45.76
营业外收入	6.47	5.71
四、利润总额	60.82	147.26
减:所得税	15.21	36.82
五、净利润	45.61	110.44

厂部领导班子在征得全厂职工意见的基础上决定进一步完善责任会计管理，成立几个责任中心，制定相应的人力资源管理制度和薪酬激励制度。

首先成立采购中心。往年本厂采购业务是采购人员到一些收购站联系采购事宜，再由收购站往厂里发送辣椒。这样，进厂辣椒的入库成本为1.5元/千克。在划分责任中心后，厂领导班子决定把粉碎车间、装瓶车间和发酵车间裁员下来的95人充实到采购队伍中去，该部分人员的工资比在各自原岗位加上出差补助后每年大概会为每人多支出4 500元，而原有的50名采购人员工资每人每年大概会上浮2 000元左右。由于采购人员亲自到农户田间地头跟农民洽谈，节约了中间环节的成本，在考虑了汽车运输油料和驾驶人员工资之后，估计今年的辣椒平均价格会维持在市场价格1.60元/千克左右，而采取了上述措施之后，采购部门能将5 000吨的辣椒采购的到货价格下降到1.45元/千克。

其次，成立销售中心，对该中心50名销售人员改变原来的固定工资制度，实行年薪制加提成的方法。在完成了每箱30元、1 000箱每月的销售任务后，可保800元底薪。此后每多销售一箱提取0.6元，价格方面每超过1元提取10%的奖励。保守估计今年的销售价格为30.5元/箱，每人每月能销售1 500箱。

第三，成立一个生产中心，负责三个车间的成本核算，估计能将各生产车间人员工资维持在去年的1 000元/月左右。此外，经过精心的技术论证和挖潜改造，可以将一套价值180万元使用年限为12年的设备出租，每年能收取10万元的租金。每年可节约水电费6万元。

资料来源:http://www.doc88.com。

[要求]

1. 请你预测一下该厂20×2年度的利润额。

2. 利润预测可分为传统的利润预测和目标利润预测两种类型。传统的利润预测是根据事先预计的销售量、成本、价格水平，应用本量利的相互关系可以测算出可能实现的利润额。这种利润预测模式体现的是"产品经济"的指导思想，不利于市场经济条件下对企业利润空间的拓展。目标利润是指企业在未来一段时间内，经过努力应该达到的最优化利润目标。对目标利润进行预测，首先要在调查研究的基础上，确定计划期间企业可望实现的利润水平，在此基础上进一步分析企业计划期间的实际生产能力、生产技术条件、市场环境等因素，将企业的目标利润确定下来。在竞争日益激烈的市场经济条件下,测算利润不是利润的重点和终点,企业应以目标利润的预测为中心,对影响利润的各因素(如销售价格、销售量、变动成本、固定成本等)进行合理规划,以确保利润的实现。根据目标利润倒挤目标成本,体现了预测分析的积极性和主动性。

根据前述观点,你认为本案例的利润预测方法属于传统利润预测法还是目标利润预测法?这样的利润预测方法有哪些优点和不足?

3. 你认为该企业在经营管理方面采取的改进措施是否得当?还有哪些潜力可挖?

4. 请你为这个企业设计一套目标利润规划系统。

任务二 环宇公司的销售预测

环宇公司为了使下一年度的销售计划制定得更为科学,组织了一次销售预测,由经理主持,参与预测会议的有销售科长、财务科长、计划科长和信息科长。他们根据自己的经验和调查,分别给出了自己的预测估计表。具体如表6-3所示。

表6-3　　　　　　　　　　环宇公司年度销售额预测表　　　　　　　　　　单位:万元

预测人员	最高销售额	概率	最可能销售额	概率	最低销售额	概率	预测期望值
销售科长	4 000	0.3	3 600	0.6	3 200	0.1	3 680
财务科长	4 200	0.2	3 700	0.7	3 200	0.1	3 750
计划科长	3 900	0.1	3 500	0.7	3 000	0.2	3 440
信息科长	4 100	0.2	3 600	0.6	3 100	0.2	3 600

资料来源:http://www.100xuexi.com.

[要求]

1. 该企业运用的是什么预测方法?

2. 从前面的预测结果可以看出,由于预测者对市场的了解程度和经验等因素的不同,不同预测者的预测结果不同,他们的预测结果对最终预测结果的影响和作用也可能不同。针对这种情况,企业应该如何处理,选择合适的预测数据来确定最终预测结果?

任务三 向阳模具厂制造费用预测

向阳模具厂生产一种模具,主要原料是从某钢铁厂购进的铸件。上半年共对外销售了80 000套,实现利润1 200 000元。该产品市场售价为180元,单位变动成本为120元。下半年由于市场竞争加剧,产品在技术上已经不具有优势,于是该厂将市场售价降至170元以扩大市场份额,与此同时主要原料供货商也要求提高原料售价,使得单位变动成本从120元上升至130元。此时厂部要求挖掘成本潜力,下功夫控制制造费用的支出,要实现年初预定的2 000 000元的目标利润。

资料来源:https://www.docin.com/p-49614090.html.

[要求]

1. 如果销售量与上半年持平,固定成本最多不能超过多少?

2. 如果固定成本与上半年持平,销售量最少应达到多少?

3. 如果要降低固定成本,你认为可以怎样做来降低固定成本?

任务四　某铅笔公司目标成本法的应用

某铅笔公司地处资源丰富的地区,但是由于技术和管理落后,同时产品研发能力较弱,其生产出同类产品的成本比同行领头羊企业整整高了58%～135%,企业效益较差,企业遇到了生存危机。该公司想通过开发新产品流畅铅笔的契机重新建立目标成本管理系统。所有新产品的生产和设计必须服从目标成本管理系统的要求。如果一个产品的成本不能满足其目标成本,这一产品将不会被引入生产,即将引进的新型流畅铅笔也不例外。如果不能使得此产品按照目标成本生产出来,公司将不会引进此生产线。

1. 市场驱动型成本的确定

公司高管人员通过制订5年工作计划来确定本公司拟开发的新产品流畅铅笔的长期销售计划和利润水平计划,这些工作是根据实际情况,在现行生产条件下,通过公司的有效经营应达到的目标:新产品生产线必须能赚取15%以上的平均利润,它的销售量在第一年必须达到10万～20万打,以后年度最少要完成20万打的销售量。

流畅铅笔的零售价格预计保持在每打4.02～5.25元。据铅笔行业长期的数据统计说明:消费者对于产品15%以内的价格差异并不在乎。如果流畅铅笔的零售价格低于4.02元(高档产品零售价格3.5元的115%),它将把已有的高档产品挤出市场。而如今高档产品仍然是现有三种产品中获利能力最强且获利水平最高的。挤出高档产品将使得公司的长期利润计划无法完成,并且从工艺角度来看,较低的价格意味着较低的利润水平,新型产品的研发和制造都必须花费大量的成本,要保持15%的利润率,新产品的价格也不能低于4.02元。现有的三种产品的有关资料如表6—4所示。

表6—4　　　　　　　　　　　　　现有产品资料

项　目	产品		
	低档	中档	高档
产品的零售价格(元)	2.45	3.00	3.50
产品的批发价格(元)	0.70	0.85	1.00
产品的平均利润率	10%	11.3%	13%
产品的可接受成本(元)	0.67	0.75	0.87

因为新型产品使得消费者能使用剩下的1/3的铅笔头,将5.25元(高档产品价格3.5元的1.5倍)作为新型产品的价格上限比较合适。如果产品价格高于上限价格,那么其销售量将达不到预定的销售量,也不能完成其预定利润量。因为通过市场分析表明:如果产品价格高于上限价格,预计只有10%的潜在消费者会购买新型产品,更多的消费者会选择购买低档的替代品。经过认真的分析和讨论,流畅铅笔的目标销售价格定在每打4.25元,销售给大批发厂商的批发价格为每打1.22元。引进新型产品所需的前期投资为75 000元,其中50 000元为研发费用,25 000元为产品投产费用,分摊到未来5年的总产量1 150 000打中,平均每打分摊0.065元。为了弥补前期投资要求增加利润率5.3%(0.065/1.22)。根据经验,在现存的生产线上50%的前期投资由新产品来承担。所以流畅铅笔的利润增加额为2.65%(5.3%×50%)才能弥补长期投资。也就是说,新型产品必须能产生17.65%(15%+2.65%)的利润率才能满足企业的利润要求。但在现有的条件下,这一利润率是不能达到的。

经过多方面的讨论,对现有产品的利润水平15%和新型产品的长期目标利润率17.65%进行折中,把新型产品的目标利润率确定在16%。按照这样的假定,第一年产品的平均利润率为11.9%,将接近于长期利润率12%。而且在以后年度通过企业持续改善的成本减少可以产生较大的利润率,可用于弥补以前年度利润率的不足。所以把新型产品的目标利润率定为16%是比较合理的。

16%的目标利润率意味着可接受成本与目标售价的比率为84%,这样就可以确定流畅铅笔可接受的成本为1.025元(1.22×84%)。流畅铅笔只有按照这一成本水平生产出来,铅笔公司才能达到其目标利润。

2. 产品级目标成本的确定

新产品的目标成本是由构建产品的部件和工艺过程决定的。构建产品部件的成本是由生产部件厂商决定的,新型产品的工艺过程是由产品设计决定的。铅笔一般由5个部分组成:石墨笔芯、木杆、涂料、橡皮擦和镶嵌橡皮擦的金属环。新型铅笔需要一个比较牢固的金属环和一个耐用橡皮擦,其他的部件与现存的高档产品是一样的。现有高档产品的部件成本为每打0.35元。根据高档产品的有关资料,对流畅铅笔进行估算,得出其每打部件成本和加工成本,如表6-5所示。

表6-5　　　　　　　　　　　　　部件成本和加工成本　　　　　　　　　　　　单位:元

部　件	产品类型	
	新型产品	高档产品
涂料	0.05	0.05
木杆	0.05	0.05
石墨铅	0.06	0.06
金属环	0.20	0.05
橡皮擦	0.24	0.14
合　计	0.60	0.35

铅笔的加工过程由7个步骤组成,每打加工成本构成如表6-6所示。

表6-6　　　　　　　　　　　　　加工步骤及成本　　　　　　　　　　　　单位:元

流　程	产品类型	
	新型产品	高档产品
制作石墨铅	0.10	0.10
锯削铅笔杆	0.105	0.10
铅笔杆开槽	0.05	0.05
制造毛坯笔	0.10	0.10
涂饰毛坯笔	0.10	0.10
毛坯笔形状修整	0.02	0.02
镶嵌橡皮擦	0.15	0.05
合　计	0.625	0.52

新型产品的制造成本之和如表 6—7 所示。

表 6—7　　　　　　　　　　　　新型产品成本　　　　　　　　　　　　　　单位:元

成本要素	产品类型	
	新型产品	高档产品
部件成本	0.60	0.35
制造成本	0.625	0.52
合　计	1.225	0.87

通过比较发现,使用当前设计和生产技术制造的成本要高于可接受的成本。为了使产品的成本达到产品的可接受成本,产品成本必须降低 0.2 元。

公司采用的降低成本手段如下:采用一种新的涂刷方法,可节约 0.03 元,其中的 0.01 元属于涂料成本的减少,0.02 元属于涂工成本的减少;另外,探索用塑料替代金属的可能性,经过工程师们长时间的试验和探索,终于设计出能将橡皮擦镶嵌在笔杆上的塑料环,从而使得成本降低 0.10 元。采用以上两种措施后,流畅铅笔当前成本降为 1.095 元。

3. 零部件层次目标成本的确定

新型铅笔在涂刷和塑料环方面的改进使每打成本降低了 0.13 元,但离可接受的目标成本还有 0.07 元的差距。公司着眼于零部件的供应商,把公司的成本压力转移到供应商处。公司拟通过开发与供应商的协作关系来降低成本。公司通过与木杆供应商建立战略伙伴关系,他们愿意以更小的批量、更频繁的次数发货,从而使得木杆成本每打降低 0.01 元。公司又通过进一步发展与橡皮擦供应商的关系,并将其作为橡皮擦唯一的供应商,从而使得橡皮擦每打的成本下降 0.06 元。

至此,流畅铅笔目标成本达到 1.025 元,其中零部件成本和加工成本构成如表 6—8 所示。

表 6—8　　　　　　　　　零部件成本和加工成本　　　　　　　　　　单位:元

项　目	每打成本
部件	
涂料	0.04
木杆	0.04
石墨铅	0.06
塑料环	0.10
橡皮擦	0.18
小　计	0.42
加工成本	
制作石墨铅	0.10
锯削铅笔杆	0.105
铅笔杆开槽	0.05
制造毛坯笔	0.10
涂饰毛坯笔	0.08

项　目	每打成本
毛坯笔形状修整	0.02
镶嵌橡皮擦	0.15
小　计	0.605
合　计	1.025

该公司由于采用目标成本法控制流畅铅笔的成本,产品物美价廉,受到了消费者的青睐,有几个月还出现了脱销,不仅满足了消费者的需要,而且超额实现了目标利润。

资料来源:https://wenku.so.com/d/817a1b4e2ef3d0e858a2fecde44f46c2。

[要求]

通过计算分析,描述铅笔公司运用目标成本法控制流畅铅笔成本的具体方案。你认为该公司目标成本控制成功的关键是什么?

任务五　华联公司的营运资金需要量预测

华联公司20×2年销售收入为30 000万元,销售净利润率为15%,净利润的60%分配给投资者。20×2年12月31日的资产负债表(简表)如表6—9所示。

表6—9　　　　　　　　　华联公司20×2年资产负债表(简表)　　　　　　　　单位:万元

资　产	期末余额	负债及所有者权益	期末余额
货币资产	1 000	应付账款	1 000
应收账款净额	3 000	应付票据	2 000
存货	6 000	长期借款	9 000
固定资产净值	7 000	实收资本	4 000
无形资产	1 000	留存收益	2 000
资产总额	18 000	负债及所有者权益总计	18 000

该公司20×3年计划销售收入比上年增长30%,为实现这一目标,公司需新增设备一台,价值148万元。据历年财务数据分析,公司流动资产与流动负债随销售额同比率增减。假定该公司20×3年的销售净利率和利润分配政策与上年保持一致。

[要求]

1. 计算20×3年公司需增加的营运资金。
2. 预测20×3年需要对外筹集的资金量。

【问题思考】

1. 影响一个企业产品销售量的因素有哪些?
2. 预测对企业决策有什么影响?
3. 资金需要量预测的方法有哪些?各有什么应用前提?

实训七　短期经营决策

【知识结构图】

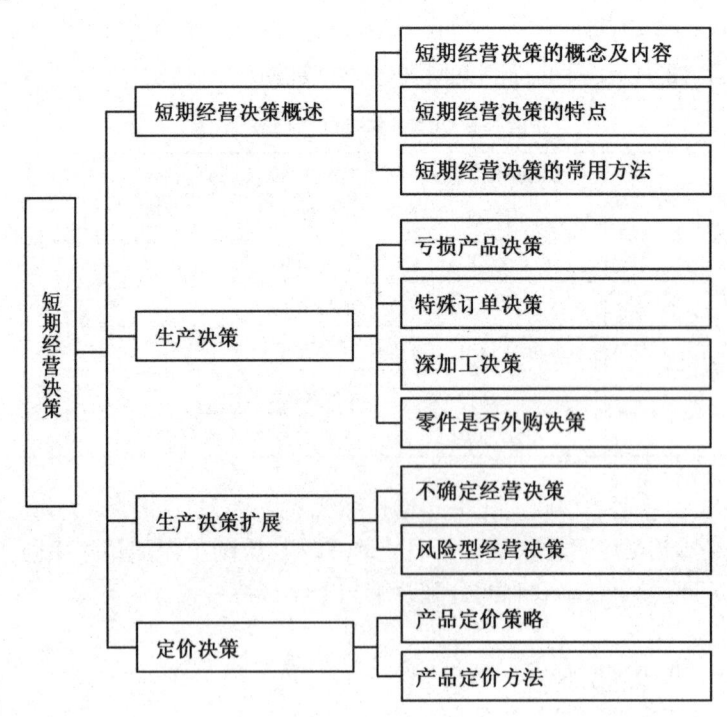

```
短期经营决策
├── 短期经营决策概述
│   ├── 短期经营决策的概念及内容
│   ├── 短期经营决策的特点
│   └── 短期经营决策的常用方法
├── 生产决策
│   ├── 亏损产品决策
│   ├── 特殊订单决策
│   ├── 深加工决策
│   └── 零件是否外购决策
├── 生产决策扩展
│   ├── 不确定经营决策
│   └── 风险型经营决策
└── 定价决策
    ├── 产品定价策略
    └── 产品定价方法
```

【知识的理解与运用】

一、单项选择题

1. 按照管理会计的解释,成本的相关性是指(　　)。
   A. 与决策方案有关的成本特性　　B. 与控制标准有关的成本特性
   C. 与资产价值有关的成本特性　　D. 与归集对象有关的成本特性

2. 在经济决策中应由中选的最优方案负担的、按所放弃的次优方案潜在收益计算的资源损失,即(　　)。

A. 增量成本　　　　B. 加工成本　　　　C. 机会成本　　　　D. 专属成本

3. 将决策区分为短期决策与长期决策所依据的分类标志是(　　)。

A. 决策的重要程度　　　　　　　　B. 决策条件的肯定程度

C. 决策规划时期的长短　　　　　　D. 决策解决的问题

4. 某零件外购的单价是 10 元,自制单位变动成本是 6 元,自制增加专属成本 2 000 元,则该部件的成本平衡点的业务量是(　　)件。

A. 200　　　　　　B. 500　　　　　　C. 400　　　　　　D. 800

5. 某企业同时生产 A、B、C 三种产品,它们的单位边际贡献分别为 300 元、220 元和 230 元,年利润分别为 6 000 元、6 300 元和－1 000 元,这一企业的最佳选择是(　　)。

A. 继续生产亏损产品 C

B. 将亏损产品 C 停产

C. 将 C 产品停产,转而生产利润最高的 B 产品

D. 将 C 产品停产,转而生产边际贡献超过 C 的 A 产品

6. 下列决策方法中,能够直接揭示中选的方案比放弃的方案多获得利润或少发生损失的方法是(　　)。

A. 单位资源贡献边际分析法　　　　B. 贡献边际总额分析法

C. 差别损益分析法　　　　　　　　D. 相关损益分析法

7. 在进行半成品是否进一步深加工决策时,应对半成品在加工后增加的收入和(　　)进行分析研究。

A. 进一步加工前的变动成本　　　　B. 进一步加工追加的成本

C. 进一步加工前的全部成本　　　　D. 加工前后的全部成本

8. 设一生产电子器件的企业为满足客户追加订货的需要,增加了一些成本开支,其中(　　)是专属固定成本。

A. 为及时完成该批产品的生产,而要购入一台新设备

B. 为及时完成该批追加订货,需要支付职工加班费

C. 生产该批产品机器设备增加的耗电量

D. 该厂为生产该批产品以及以后的生产建造了一间新的厂房

9. 有一批可修复废品,存在两种处置方案,一个是降价后直接出售,一个是修复后按正常价格出售,修复成本为 3 000 元,降价后出售收入为 7 000 元,修复后出售收入为 11 000 元,那么差量损益为(　　)元。

A. 3 000　　　　　B. 4 000　　　　　C. 8 000　　　　　D. 1 000

二、多项选择题

1. 按照决策条件的肯定程度,可将决策划分为(　　)。

A. 战略决策　　B. 战术决策　　C. 确定型决策　　D. 风险型决策

E. 不确定型决策

2. 下列各项中,属于联产品深加工决策方案可能需要考虑的相关成本有(　　)。

A. 加工成本　　B. 可分成本　　C. 机会成本　　D. 增量成本

E. 专属成本

3. 在是否接受低价追加订货的决策中,如果发生了追加订货冲击正常任务的现象,就意

味着（　　）。
A. 不可能完全利用其绝对剩余生产能力来组织追加订货的生产
B. 追加订货量大于正常订货量
C. 追加订货量大于绝对剩余生产能力
D. 因追加订货有特殊要求必须追加专属成本
E. 会因此而带来机会成本

4. 在管理会计的定价决策中，利润无差别点法属于（　　）。
A. 以成本为导向的定价方法　　B. 以需求为导向的定价方法
C. 以特殊要求为导向的定价方法　　D. 定价策略

5. 企业去年生产某亏损产品的贡献边际30 000元，专属固定成本是10 000元，假定今年其他条件不变，但生产该产品的设备可对外出租，一年增加的收入（　　）元时，应停产该种产品。
A. 大于20 000　　B. 大于30 000　　C. 小于20 000　　D. 小于30 000

三、判断题

1. 短期经营决策时只考虑变动成本，不需考虑固定成本。（　　）
2. 简单地说，决策分析就是领导拍板做出决定的瞬间行为。（　　）
3. 因为企业采用先进的生产工艺技术，可以提高劳动生产率，降低劳动强度，减少材料消耗，可能导致较低的单位变动成本，所以在不同生产工艺技术方案的决策中，应无条件选择先进的生产工艺技术方案。（　　）
4. 大中取大决策法是乐观决策方法，决策标准不考虑未来状况不好的情况。（　　）

【案例分析】

示例　雅格尔公司进一步加工选择

雅格尔公司是一家生产服装的企业，生产工序为三个阶段（初加工、中加工和成品加工），经过5个不同的部门（第一到第五车间）加工成产成品。该企业每年能生产出100 000件产品。每个车间的详情及费用具体如下：

第一车间：初加工部门，全部产品在这里进入初加工阶段，每件产品耗用原材料成本为20元，劳动力成本为20元。

第二车间：中加工部门，第一车间出来的产品50%在这里进入中加工阶段，每件产品耗用直接劳动力成本为20元。

第三车间：中加工部门，第一车间出来的产品50%在这里进入中加工阶段，每件产品耗用直接劳动力成本为60元。

第四车间：成品加工部门，第二车间出来的产品40%在这里进入成品加工阶段，第三车间出来的产品20%在这里进入成品加工阶段，每件产品耗用直接劳动力成本为80元。

第五车间：成品加工部门，从第二车间、第三车间生产出来的其余产品在这里进入成品加工阶段，每件产品耗用直接劳动力成本为40元。

固定费用是按每一部门劳动力费用的50%的比率加到产品成本中去。这些固定费用是由下面两项费用平均构成的：(1)本部门发生的固定成本；(2)工厂平均分摊给各部门的固定费用。

[要求]

1. 用完全成本法做一张费用报表分别说明第一车间至第五车间产品成本的构成情况及单位产品成本和总成本以及整个运行的费用开支情况。

2. 计算来自第四车间和第五车间的每种产品的单位成本。

3. 同城的豪达制衣有限责任公司有过剩的生产能力，愿意以每件52元的价格从第一车间购买半成品，然后像第三车间那样加工产品，再以每件130元的价格卖给雅格尔公司。请替雅格尔公司做出决策，是自己加工还是先出售半成品再购回继续加工。

[分析]

成本费用核算如表7-1所示。

表7-1　　　　　　　　　　　　　成本费用核算表　　　　　　　　　　　　　单位：元

车间	产量①	直接材料②=20×①	直接人工③	制造费用④=③×0.5	成本合计	单位成本
一车间	100 000	2 000 000	2 000 000(20×①)	1 000 000	5 000 000	50
二车间	50 000	—	1 000 000(20×①)	500 000	1 500 000	30
三车间	50 000	—	3 000 000(60×①)	1 500 000	4 500 000	90
四车间	30 000	—	2 400 000(80×①)	1 200 000	3 600 000	120
五车间	70 000	—	2 800 000(40×①)	1 400 000	4 200 000	60
合计	—	2 000 000	11 200 000	5 600 000	18 800 000	—

平均单位产品成本＝18 800 000÷100 000＝188(元)

其中，第二车间的产量＝第三车间的产量＝100 000×50%＝50 000(件)

第四车间的产量＝50 000×40%＋50 000×20%＝30 000(件)

第五车间的产量＝100 000－30 000＝70 000(件)

从表中可以看出，直接人工成本占产品总成本比重较大，接近60%，而材料费占总成本的比重较小，只有不到11%。其余都是制造费用成本。

四车间来自二车间的单位产品成本＝直接材料＋直接人工＋制造费用
　　　　　　　　　　　　　　　　＝20＋(20＋20＋80)＋(10＋10＋40)
　　　　　　　　　　　　　　　　＝50＋30＋120＝200(元)

四车间来自三车间的单位产品成本＝直接材料＋直接人工＋制造费用
　　　　　　　　　　　　　　　　＝20＋(20＋60＋80)＋(10＋30＋40)
　　　　　　　　　　　　　　　　＝50＋90＋120＝260(元)

五车间来自二车间的产品单位成本＝直接材料＋直接人工＋制造费用
　　　　　　　　　　　　　　　　＝20＋(20＋20＋40)＋(10＋10＋20)
　　　　　　　　　　　　　　　　＝50＋30＋60＝140(元)

五车间来自三车间的单位产品成本＝直接材料＋直接人工＋制造费用
　　　　　　　　　　　　　　　　＝20＋(20＋60＋40)＋(10＋30＋20)
　　　　　　　　　　　　　　　　＝50＋90＋60＝200(元)

在不考虑其他方面，仅考虑公司财务可行性的时候，分析方法和思路如下：如果第三车间不能够转产，公司自己在第三车间生产，需要直接人工60元，固定制造费用属于无关成本。如果第一车间的产品以52元出售给豪达制衣,然后再以130元的价格从豪达制衣买回半成品,则公司需要为该半成品支付加工费78元,显然高于自己生产发生的直接成本。可以判断这是一笔不合适的交易,公司不应该接受该订单。

如果雅格尔公司的第三车间能够转产,则只要转产获取的利润增量与60元的人工成本之和大于78元,对雅格尔公司就是可行的,否则就不能接受该订单。

任务一 精锐工业有限公司的经营决策

大至汽车、小到玩具,其制作均源于一系列大大小小的模具。模具作为工业制品成型的一种工具,在人们生活中发挥着重要的作用。据不完全统计,目前国内大陆地区约有模具生产厂3万家,但是目前国内属于中低端的模具产品所占比重较大,其利润也较低,属于工艺成熟产品,效仿度高,需求量也在不断缩减,因而面临着很大的同类企业间的竞争压力。而处于高端的模具产品所占比重较小,利润率高,工艺复杂,需求量在不断增加,但大多依靠进口,使得高额利润流入外资企业中。已经进入中国的少量外资模具企业生产各种高精模具,目前处于供不应求的状态。

精锐工业有限公司是国内颇具规模的模具标准件生产厂家,主要从事模具的生产与开发,以其优异的质量、合理的价格在业内知名,是模具行业的翘楚。产品囊括了塑料模具、冲压模具、汽车模具及其他各种精密工装夹具。产品已通过ISO9001:2000质量管理体系认证,符合ROHS指令的要求。

2000年到2003年公司的业绩曾经一度下滑,2004年6月起,公司一车间投入一批从日本购置的新设备,派技术人员赴日本学习新技术,投产了三种新产品:凸模、导正销、模架用导向组件。自从三种产品开始批量生产和不断拓宽销售市场,公司的净利润以约10%的速度逐年攀升。

2008年初,精锐公司召开了高层管理人员会议,与会者包括公司总经理孙国栋和财务处处长李玉等各部门主管,来探讨精锐公司未来的发展战略。孙总经理说道:"自从1990年公司成立以来,我们的产品领域在不断拓展,公司实力逐年加强……在取得成绩的同时,我们也应该进行全面总结,识别薄弱环节,扫清企业发展的障碍。大家都知道,2004年,我们经历了一个转折点,大胆投产了三种新产品,我们的业绩逐年攀升,然而据财务处提供的报告来看,并不是这三种产品的投入都收到了良好的效果,我们需要对凸模、导正销和模架用导向组件三种产品的盈亏进行详细分析,弄清楚哪种产品拖了我们业绩的后腿并测算出今年这三种产品的利润情况。"孙总经理接着要求销售部门、生产部门、后勤部门等进行工作总结。然后他说道:"2008年是充满挑战的一年,我们不能只满足于世界工厂这个称号,我们要开发自己的拳头产品,自主创新,我们不但要做市场的跟随者,还要做市场的领军人物,要成为行业的龙头企业。奥运会的举行是世界的体育盛宴,更是中国发展经济的契机,我们要把握机遇,勇于面对挑战,把精锐公司办成产品精密度高、质量好、交货快、价格合理的新型高科技企业。"孙总经理整理了一下桌上的文件,继续说:"通过在实践中的不断摸索和派遣技术员赴日本学习,公司已经掌握了生产翅片模这类产品的相关技术,现在需要明确的是还要投入多少才能批量生产翅片模?是否应该批量生产翅片模?能否很快带来回报?李处长,由你负责这个项目的调研工作,10天后把是否可以生产翅片模的项目可行性报告交给我。"

散会后,李处长组建了由财务、设计、生产、销售等人员组成的项目小组,负责对凸模、导正销、模架用导向组件三种产品的盈利分析和翅片模项目的可行性研究,该项目组收集的有关资料如下:

三种产品的大部分销售都是根据顾客订单以销定产，从销售部门取得的数据显示，预计2008年三种产品的月销售量情况是：凸模12 000套；导正销8 000套；模架用导向组件7 200套。

三种产品的市场售价（减去相关税费后）为：凸模460元/套；导正销280元/套；模架用导向组件320元/套。

组成三种产品的固定制造费用的项目包括管理人员薪金、劳动保护费、差旅费、机器设备折旧费、办公费。按照一定的方法进行分配和归集，得到三种产品的月固定成本：凸模月固定成本16 400元；导正销固定成本14 500元；模架用导向组件固定成本18 800元。三种产品的固定销售及管理费用分别为9 320元、8 530元和10 100元。

三种产品的单位变动成本为：凸模160元；导正销90元；模架用导向组件120元。单位变动销售及管理费用分别为40元、30元和50元。

该项目组拟从保本点的角度分析企业经营的安全性，并对三种产品2008年的目标利润进行预测。但是，在对现有产品的经营安全性分析和利润预测的问题上，财务部与业务部发生了很大的分歧。

生产部赵刚和销售部王东认为，根据凸模、导正销和模架用导向组件三种产品的单位成本计算公式，产品成本＝单位固定生产成本＋单位变动成本，得出三种产品的单位变动成本分别为161.37元、91.81元和122.61元，再按照保本点的计算公式：

（单位毛利－单位变动销售管理费用）×保本销售量－固定销售管理费用＝0

计算出三种产品的保本销售量分别为36套、54套和68套，而财务部张芳计算的保本销售量分别为99套、144套、193套。保本点计算上的巨大差距直接影响着企业经营性的分析和决策。

此外，在翅片模项目可行性的讨论中，技术部李明和销售部王东认为，虽然二车间现在有三年前购置的两条数控生产线，当时购买价格是280万元，但是，要批量生产翅片模需要租两台内孔磨床，每台的月租金是3 000元，并雇用3名生产工人，人均薪酬2 000元/月。现在需要考虑的是这样不断增加投入，对产品的盈利性要求将大幅提高。如果产品未来销售无法保证，很可能使投入的本钱都收不回来，那就不如充分利用现有设备维持现有产品超硬模的生产，并努力扩大其市场份额。接着技术部李明用投影仪向大家展示了下面的信息：

1. 由于加工翅片模冲头和百叶窗切刃设备要求起点高，加工工艺、技术水平高，因此国内几乎没有生产此类高精度产品的厂家。亚洲地区也只有日本的高精机、光精机和黑田精机三家具备批量生产能力，国内空调器、冷机行业的高中档翅片模几乎为这三家企业所垄断。目前国际上该类产品的售价320元/套，其中翅片模冲头30/组，百叶窗切刃50元/支，每套翅片模由9组翅片模冲头和1支百叶窗切刃组成。

2. 目前公司已有产品中的超硬模具部件与将要开发的翅片模冲头和百叶窗切刃在核心工艺和设备上具有很大的通用性。因此这两种产品可以同时在一条生产线上进行生产。现在二车间有两条生产超硬模具部件的生产线，每条生产线目前的市场价格为120万元。如果租入两台内孔磨床，可使产能达到100%，两条生产线可以实现月产翅片模冲头4 500组，百叶窗切刃500支或超硬模具标准件5 000支。超硬模具部件的市场价格是28元/支。

3. 翅片模冲头、百叶窗切刃和超硬模具部件的毛利和成本数据如表7—2所示。

表7-2　　　　　　　　　　　　各种产品毛利和单位成本　　　　　　　　　　　　单位:元

产　品	毛利率	单位售价	单位成本	单位毛利
翅片模冲头	15%	30	25.5	4.5
百叶窗切刃	16%	50	42	8
超硬模具部件	21.4%	28	22	6

技术部的李明继续说:"超硬模具部件的毛利率高,其产生的利润也就会高于翅片模。因此,我认为应该生产超硬模具部件。"

销售部的王东接过话来说:"是啊,根据前期市场调查结果,生产翅片模这类模具会挤占现有产品超硬模具部件产能的50%,而且又要租入设备,我们是应该慎重考虑关于生产翅片模的问题。上个月有一个日本厂商跟我说,要以低于我们售价20%的价格购买80套翅片模,我当时就拒绝了,生产翅片模产品的毛利率才15%,而降价却达到20%,我不能做亏本生意。"

财务部张芳说:"我说一下我的想法,在生产翅片模的决策中,三年前投入的280万元设备是沉没成本,不应该再考虑了,现在只需要考虑租入设备和新雇人员的支出……"李明打断张芳的话:"我想,不能不考虑前期购买设备支出吧,如果没有280万元数控生产线支出,即使我们现在租入内孔模床也不能生产,只是因为三年前我们已经购置了数控生产线,所以,现在只需要再租入内孔模床就可以生产翅片模产品了,我们应该考虑与生产翅片模有关的所有购买机器设备的资金投入,当我们进行翅片模产品决策时,必须要考虑的是翅片模产品的收入能否补偿曾经投入的设备款和即将发生的租金支出。"

针对王东和李明的观点,财务部的张芳反驳说:"产品的毛利率高并不说明其对公司的贡献就大,在是否投入新产品的经营决策中主要应该考虑的是相关成本,而沉没成本属于无关成本,在进行产品决策时关键因素是贡献毛益,而不是毛利率。举个例子,如果我们三个人要去扛一根200千克重的木头,虽然我的力气最小,但是,如果不让我来扛,你们受到的压力会更大。所以说,只要我能够站起来扛东西,哪怕只能扛20千克,我对扛这根木头也是有贡献的。"大家都听懂了张芳的比喻,但是,技术部李明、销售部王东对张芳提出的相关成本、无关成本、沉没成本、贡献毛益这些概念在决策中的作用还是有些疑惑。

张芳看了看大家,接着说:"这是我收集的有关翅片模决策的相关信息。"并用投影仪向大家展示了下面的信息(见表7-3和表7-4)。

表7-3　　　　　　　　　　　　各种产品变动成本　　　　　　　　　　　　单位:元

成本项目	翅片模冲头	百叶窗切刃	超硬模具部件
单位变动成本	19	28	21
直接材料成本	11	18	10
直接人工成本	1	1	2
热处理费	3	5	5
加工费	2	3	3
变动管理费用	2	1	1

表 7—4　　　　　　　　　　　二车间每月固定成本　　　　　　　　　　　单位：元

固定成本	金　额
管理人员薪金	12 000
设备租金	4 000
办公费	400
折旧费	8 500
劳动保护费	600
每月固定成本合计	25 500

因为根据销售部门预测，如果转产翅片模，将占有两条生产线50%的产能，则假设我们可以将二车间的固定成本平均分摊到两种产品中，那么两种产品各自的保本点销售量分别是106套和1 822套。根据公司对每种产品最低利润要求，如果要求两种产品每月各保证赚取5 500元的经营利润，那么两种产品销售量应该分别达到151套和2 608套。根据市场调查和现有的订单来看，如果下月投产翅片模，生产线产能将达到80%，其中40%生产翅片模，另外40%生产超硬模具部件。如果我们下月投产后马上接受日本厂商的订货，通过我的计算是可以的，接受订货将使企业的利润增加4 560元。

资料来源：https://www.docin.com/p-1559826584.html.

[要求]

考虑下面的一些问题，帮助精锐公司做出决策。

1. 财务部与业务部在保本点计算上出现了巨大差异，你认为谁的计算方法准确，为什么？试分析两个部门计算方式的差异所反映出企业经营管理中存在哪些缺陷？

2. 技术部李明认为需要考虑前期投入设备成本的观点是否正确？财务部的张芳为什么说"在生产翅片模的决策中，三年前投入的280万元设备是沉没成本，不应该再考虑了"？两者产生分歧的原因在哪里？它警示我们在决策时应注意什么问题？

3. 李明说："超硬模具部件的毛利率高，其产生的利润也就会高于翅片模。因此，我认为应该生产超硬模具部件。"而张芳指出"在进行产品决策时关键因素是贡献毛益，而不是毛利率"。你怎么看待这个问题？在确定生产何种产品时，该以哪种标准决策？为什么？

4. 请帮他们进行分析，是否将两条生产线上50%的产能用于转产翅片模？如果不转产，请说明理由。如果决定转产，根据以销定产，则应该制定何种转产策略，即每年至少要销售多少套翅片模才可以获得较不转产翅片模更大的收益？

5. 对日本厂商的订货行为，财务部和销售部的分歧是如何产生的？导致两种结果的原因是什么？如果你是销售部的经理，你会接受哪个部门的意见？为什么？如果日本厂商的订货数量为200套，此时已超过了企业的剩余生产能力，并会冲击企业的正常业务，此时是否可以接受该笔特殊订货？计算并分析原因。

任务二　杉杉西服的停产决策

杉杉西服有限公司是一家以生产西裤为主的企业，拥有四条生产线，生产不同款式的服装，年底四种款式服装的成本计算表出来之后，总经理决定停止公司四条生产线中一条生产线的生产，因为有一款服装年亏损25 000元。各种款式的盈利状况如表7—5所示。

表 7—5　　　　　　　　　　各种款式的盈利状况　　　　　　　　　　单位:元

项　目	款式 1	款式 2	款式 3	款式 4	合　计
直接人工	100 000	70 000	50 000	80 000	300 000
直接材料	100 000	80 000	60 000	60 000	300 000
变动间接费用	100 000	100 000	40 000	60 000	300 000
总变动成本	300 000	250 000	150 000	200 000	900 000
固定间接费用*	150 000	125 000	75 000	100 000	450 000
总成本	450 000	375 000	225 000	300 000	135 000
销售收入	470 000	550 000	200 000	380 000	160 000
利润	20 000	175 000	(25 000)	80 000	250 000

注:*固定间接费用按照各种产品变动费用占总变动费用的比例分配。

[要求]

1. 判断这一决策是否正确。
2. 请提出另一可供选择的成本数据。根据新的成本数据分析,你会有什么建议和措施?
3. 依照原决策的根据,假设固定间接费用按相同比例在剩下的三种款式中重新分摊,其结果意味着什么新决策? 如果照此执行最终结果是什么?

任务三　华跃公司的订单选择

华跃公司是一家生产可调灯光灯具的工厂。该公司总经理说:"现在的生产每况愈下!"他说这番话的原因是本年度 1—9 月会计期间的利润表(见表 7—6)。

表 7—6　　　　　　　　华跃公司利润表(1~9 月)　　　　　　　　单位:元

销售收入(15 000 盏、单价 250 元)		3 750 000
直接成本:		
材料(15 000 盏、每盏 17 元)	255 000	
人工(15 000 盏、每盏 75 元)	1 125 000	
生产间接费用		
变动成本(15 000 盏、每盏 9 元)	135 000	
固定成本(1 800 000 元的 9/12)	1 350 000	
销售及营销管理费用		
(每月 105 000 元)	945 000	
		3 810 000
净利润(损失)		(60 000)

销售经理刚刚收到一份特殊订单:5 000 盏灯,每盏灯的合同价是 130 元。他就这一意向请示了总经理,总经理说:"这价格也太低了! 特种订单的价格比我们每盏的成本价 146 元还要低,还不包括特别设计所花费的固定管理费用 20 000 元。"销售经理说:"如果我们不接受这

5 000盏灯的订货,我们剩余的生产能力也别无他用,我认为还是接受的好。"

现将单位成本表列出,如表7—7所示。

表7—7　　　　　　　　　　　单位成本表　　　　　　　　　　单位:元

项　目	单位成本
直接材料	17
直接人工	75
间接费用	
变动成本	9
固定成本(按每年40 000盏计算)	45
总生产成本	146

[要求]

1. 你作为公司的财务管理人员,为总经理做出公司是否接受这一订单的决策,并说出你的理由。

2. 在将来,公司是否应该接受这类订单?

任务四　F公司董事会的决策

F公司主要生产打包线圈的胶带。20×2年,该公司生产并销售了1 500万卷胶带。该公司最近扩大了产能,以后每年可以生产3 000万卷胶带。F公司20×2年的主要财务数据如表7—8所示。

表7—8　　　　　　　　F公司20×2年主要财务数据表

项　目	数　量
单位售价(元)	3.00
单位变动生产成本(元)	2.00
单位变动销售和管理费用(元)	0.50
总固定生产成本(元)	8 400 000
总固定销售和管理费用(元)	1 100 000
销售量(万卷)	1 500
产量(万卷)	1 500

20×2年没有期初和期末存货。

20×3年1月,F公司雇用了一名新的总经理K,K与公司签订了一年的合同,该合同约定公司支付给总经理的工资为完全成本法下营业利润的10%,而不支付其他工资。在20×3年,K必须做出两个重大决策。

一是F公司是否应该采纳一个主要的广告策略?该广告策略能将销量提高到2 400万卷,这是F公司在近期能够产出的最大数量。同时该广告策略将会增加230万元固定销售成本。如果不采用这一广告策略,销量将维持在1 500万卷。

二是 F 公司在 20×3 年应该生产多少胶带?

在 20×3 年末,该公司的董事会将会评估 K 的业绩并决定是否给他续签下一年的合同。

K 和另一家公司的合同与现在他和 F 公司签订的合同是一样的,将会得到完全成本法下营业利润的 10%,不另外支付工资。

[要求]

选定自己的角色,分别完成以下任务。

1. 假如你是 K,你在 20×3 年年末将与董事会成员开会并判断是否会继续留在该公司。你需要为年末的会议进行以下准备工作。

(1)用完全成本法计算该公司 20×2 年的营业利润。

(2)决定是否采纳广告策略。给董事会解释你的决定。将该决策结果在参加董事会会议前提交给董事会。

(3)假设 F 公司采纳了该广告策略,那么在 20×3 年公司应该生产多少卷胶带?

(4)根据第三问的答案,计算完全成本法下该公司发放奖金之前的利润,然后单独计算发给经理的奖金,并编制 20×3 年的利润表(完全成本法下)。假设除了广告费以外,公司单位变动成本和总固定成本和 20×2 年一样。在会议之前尽快将利润表和奖金计算表交给董事会。

2. 假如你是 F 公司的董事会成员。你将进行如下工作:

(1)用完全成本法计算该公司 20×2 年的营业利润。

(2)决定是否采纳广告策略。

(3)计算在 20×3 年公司应该生产多少卷胶带?

(4)根据 K 的决策和他提供的信息评价他的工作。

(5)评估公司的该经理工资合同条款。同事对该条款是否满意? 如果是,请解释原因;如果不是,请给出改进建议。

(6)在 K 向董事会提交了利润表和策略采纳意见之后,董事会会有一次评价他工作表现的机会,他们将见面开一次会议,决定是否继续留用 K。并且如果继续留用,公司与 K 签订的合同条款应该会怎样?

资料来源:特雷西·诺布尔斯等.亨格瑞会计学管理会计分册(第 4 版)[M].张永冀等译.北京:机械工业出版社,2017.(有改动)

任务五 海景公司如何开发新产品

海景公司是一家生产装修材料的企业,现在它又想兼营汽车配件生产,主要有以下四种原因:

(1)现代城市中私家车大增,汽车配件市场是个迅速扩大的领域。

(2)该公司对地方汽车工业知之甚多。

(3)现有的工厂条件能适应新产品的生产。

(4)公司劳动力既有技术又有适应能力。

在经过产品可行性论证之后,公司正努力达到产品之间的合理均衡,而且还要解决闲置生产能力问题。然而,其主要问题是:在不对公司成本结构做重大改变的情况下,他们如何利用工厂的现有条件增加生产?

目前,公司一年的固定管理费用是 600 000 元。现在的预计销售水平是每月 250 000 元,但是随着市场的扩展、销售量的增大,可能将销售额提高到每月 352 000 元。销售额的增长会带来成本的上升,预计直接材料成本会从每月的 22 000 元增加到 34 000 元,而每月的工资费用将会从 30 000 元增加到 60 000 元。以上工厂利用率(达到最大限度)的增加将会导致估计的变动费用增加,如表 7—9 所示。

表 7—9　　　　　　　　　　预计变动费用变化情况

项　目	在目前的销售额下(元/月)	增产新产品后(元/月)
维修费用	10 000	23 000
仓储费用	5 000	10 000
工厂管理费用	30 000	35 000
总　计	45 000	68 000

资料来源:杜学森. 管理会计实训教程[M]. 南京:东南大学出版社,2005.(有改动)

[要求]

身为公司会计师,你被要求完成以下工作:

1. 根据所给数据编写贡献式利润表,以供董事会对各种可能做出迅速的评估。
2. 准备一份给董事会的报告,举例说明你的建议方案。
3. 你对第 2 题中分析可能会有什么疑虑?

任务六　甲公司的生产经营决策

甲公司是一家从事机床制造的大型国有企业,资金供应十分充足。20×3 年之前主要生产经营常规的通用机床。从 20×3 年开始,甲公司引进国外先进技术,成功开发了具有国际先进水平的 X 型数控组合机床,并批量投入国内市场,逐渐成为甲公司的拳头产品。

在 20×3—20×4 年期间,X 型数控机床配套的关键部件 Y 型装置每套平均单价折合人民币 5 000 元(假定这个价格长期不变,甲公司的外汇资金充裕)。

20×4 年年底,该公司决定于 20×5 年投资设立一个专门生产 Y 型装置的乙车间。当时有 A 和 B 两个方案可供选择,A 方案的内容是:乙车间的最大设计生产能力为每年生产 800 套 Y 型装置,全部供应甲公司用于生产 X 型数控组合机床,每年预算的固定生产成本为 600 000 元,单位变动生产成本为 3 000 元。B 方案的内容是:乙车间的最大设计生产能力为每年生产 2 000 套 Y 型装置,每年预算的固定生产成本为 1 000 000 元,单位变动生产成本为 2 500 元。除按每套 3 000 元的固定价格向总公司无限量供货外,所有剩余产品均可以直接在国内市场上销售,预计市场售价为 4 000 元人民币。

甲公司最终选择了 B 投资方案,乙车间于 20×5 年年末建成投产。20×6 年乙车间实际生产了 1 000 套 Y 型装置,其中,甲公司使用了 600 套,其余均实现了对外销售。

不考虑增值税和外汇波动的因素,假定国内市场上除进口商以外没有其他厂商销售 Y 型装置。

资料来源:http://www.doc88.com.

[要求]

依据上述资料,请回答以下问题,必要时要有数据说明。

1. 20×5 年甲公司所使用的 Y 型装置是通过什么渠道取得的?
2. 如果甲公司选择 A 方案投资设立乙车间,请按成本无差别点分析从 20×6 年起甲公司每年至少要生产多少台 X 型数控组合机床才有利可图?

3. 20×6 年乙车间生产 Y 型装置的盈亏状况如何?

4. 假定 20×7 年其他条件均不变,请按一定方法为乙车间在 20×7 年停产、继续按原有规模生产或增产(按最大生产量计算)这 3 个方案中做出选择。

5. 如果 20×7 年甲公司 X 型数控组合机床的全年预计产量将达到 1 200 台。乙车间提出要将产品全部对外直接销售,这样可以使乙车间产品获得更多的盈利。假定你是甲公司的决策者,你是否会同意乙车间提出的将其 20×7 年生产的全部 Y 型装置直接对外销售的方案,为什么?

任务七　中华保险公司削减汽车保险的决策

中华保险公司既提供汽车保险也提供人身保险。20×2 年这两种保险的预计收益表如表 7－10 所示。

表 7－10　　　　　　　　　　预计利润表　　　　　　　　　　　　单位:元

项　目	汽车保险	人身保险	合　计
营业收入	10 000 000	16 000 000	26 000 000
减:变动成本	9 000 000	12 800 000	21 800 000
贡献边际	1 000 000	3 200 000	4 200 000
减:固定成本(分配额)	1 110 000	1 000 000	2 110 000
营业利润(损失)	(110 000)	2 200 000	2 090 000

公司经理正在考虑削减汽车保险。但是,有些保单持有者希望他们的汽车保险和人身保险在同一家公司办理,因此,如果汽车保险被削减了,人身保险的收入将下降 10%。

资料来源:杜学森. 管理会计实训教程[M]. 南京:东南大学出版社,2005.

[要求]

1. 请你帮助公司经理对削减汽车保险的决策进行分析,给出有关数据,以便经理做出合理决策。

2. 根据市场部的预测,如果下年增加 500 000 元广告费预算,将会使汽车保险费收入增加 5%,人身保险收入增加 3%。请你编制一张增加广告费后的预计利润表,为经理做出广告费投资决策提供参考,并给出你的建议。

任务八　洗衣机售后维修单位选择决策

无锡洗衣机厂今年有小天鹅洗衣机 1 000 台售给无锡市中百公司,售出时曾约定洗衣机卖给用户后可包修一年。该厂对洗衣机的包修工作有以下三个方案可供选择:

(1)委托甲修理厂承包全部维修及更换零件业务(维修次数不限),为期一年,共需一次支付修理费 30 000 元。

(2)委托乙修理厂承担维护修理业务,但乙修理厂言明一年内只能接受维修 1 000 次,共需支付修理费 20 000 元;若超过 1 000 次,每次需另增加维修费 10 元。

(3)委托丙修理厂承担维护修理业务,但丙修理厂言明一年内只能接受维修 1 500 次,共需一次支付修理费 28 000 元;若超过 1 500 次,每次需另增加维修费 20 元。

无锡洗衣机厂根据过去五年的统计资料,将实际可能出现的维修次数及其相应的概率列表,如表7—11所示。

表7—11　　　　　　　　　一年内洗衣机需维修的次数及其发生的概率

事件(维修次数)	估计事件发生概率
1 000 次以下	0.4
1 300 次	0.3
1 500 次	0.2
2 000 次	0.1
合　计	1.0

资料来源:周频等. 管理会计[M]. 大连:东北财经大学出版社,2021.

[要求]

如果你是该企业的财务人员,请你根据以上资料,通过数据分析,为无锡洗衣机厂做出最优包修决策的方案抉择建议,并辅以必要的数据支持你的决策结论。

【问题思考】

1. 一家小饭店的老板正在与他的朋友谈论饭店的经营状况,希望朋友能够跟进投资,以扩大饭店规模。他说:"我们干得不错。今年在支付工人工资及各种管理费之后,我们获利240 000元。很幸运我们拥有自己的门面,如果我们租赁这么大面积的门面的话,我们每月还要支付20 000元的租金。"如果你是这位饭店老板的朋友,你会对这家饭店的经营情况进行怎样的评价?你会跟进投资吗?为什么?

2. 企业在进行短期决策过程中,除了考虑财务因素,还应该考虑哪些非财务因素,才能使企业做出最优决策?举例说明。

3. 相关成本和无关成本是否会相互转化?

实训八　长期投资决策

【知识结构图】

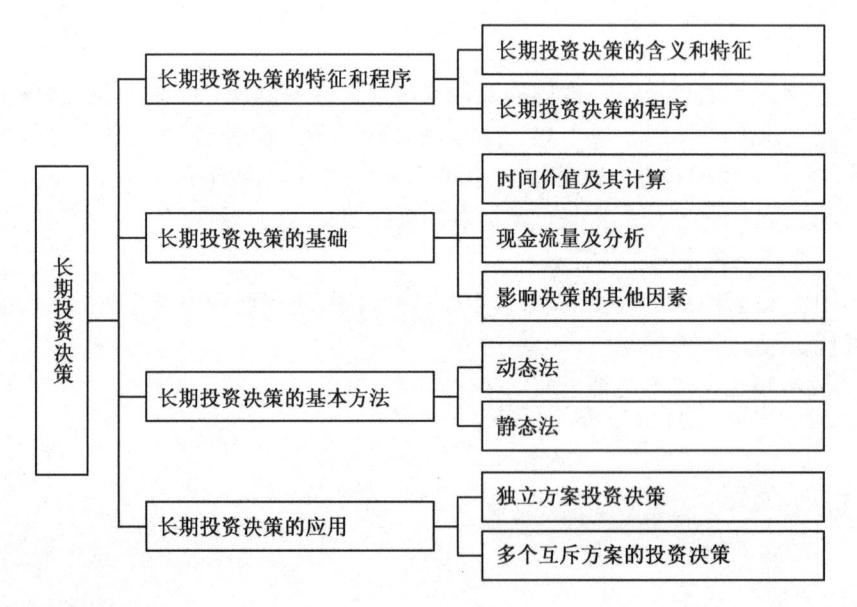

```
                    ┌─ 长期投资决策的特征和程序 ─┬─ 长期投资决策的含义和特征
                    │                          └─ 长期投资决策的程序
                    │
                    ├─ 长期投资决策的基础 ─┬─ 时间价值及其计算
长期投资决策 ───────┤                     ├─ 现金流量及分析
                    │                     └─ 影响决策的其他因素
                    │
                    ├─ 长期投资决策的基本方法 ─┬─ 动态法
                    │                         └─ 静态法
                    │
                    └─ 长期投资决策的应用 ─┬─ 独立方案投资决策
                                          └─ 多个互斥方案的投资决策
```

【知识的理解与运用】

一、单项选择题

1. 在长期投资决策中,固定资产原值等于(　　)。
   A. 固定资产投资
   B. 固定资产投资与流动资金投资之和
   C. 应提折旧额
   D. 固定资产投资与资本化利息之和

2. 已知某单纯固定资产投资项目经营期某年的总成本费用为100万元,当年与该项目有关的固定资产折旧为30万元,计入财务费用的利息支出为10万元,上缴所得税20万元,则该年的经营成本等于(　　)。
   A. 40万元　　　　B. 50万元　　　　C. 60万元　　　　D. 70万元

3. 某投资方案的年营业收入为100万元,年营业支出为60万元,其中折旧为10万元,所得税税率为20%,则该方案每年的营业现金流量为(   )万元。
   A. 36   B. 42   C. 40   D. 50
4. 已知某投资项目的原始投资额现值为100万元,净现值为25万元,则该项目的现值指数为(   )。
   A. 0.25   B. 0.75   C. 1.05   D. 1.25
5. 下列各项因素,不会对投资项目内含报酬率指标计算结果产生影响的是(   )。
   A. 原始投资额 B. 资本成本   C. 项目计算期 D. 现金净流量
6. 企业投资100万元购入一台设备,预计使用年限为10年,预计残值10万元,该设备按直线法计提折旧。设备投产后预计每年可获得净利12万元,则投资回收期为(   )年。
   A. 3.56   B. 4.76   C. 5.62   D. 6.3
7. 某公司购入一批价值30万元的专用材料,因规格不符无法投入使用,拟以20万元变价处理,并已找到购买单位。此时,技术部门完成一项新产品开发,并准备支出60万元购入设备当年投产。经化验,上述专用材料完全符合新产品使用,故不再对外处理。在评价该项目时,第一年的现金流出应按(   )万元计算。
   A. 60   B. 90   C. 80   D. 110

二、多项选择题

1. 在其他因素不变的情况下,下列财务评价指标中,指标数值越大,表明项目可行性越强的有(   )。
   A. 净现值   B. 现值指数   C. 内含报酬率 D. 动态回收期
2. 采用净现值法评价投资项目可行性时,所采用的折现率通常有(   )。
   A. 投资的机会成本率   B. 行业平均资金收益率
   C. 投资项目的资金成本率   D. 投资项目的内部收益率
3. 在单一的独立投资项目中,当一项投资方案的净现值小于零时,表明该方案(   )。
   A. 获利指数小于1   B. 不具备财务可行性
   C. 净现值率小于零   D. 内部收益率小于行业基准收益率
   E. 静态投资回收期小于基础回收期
4. 某公司正在开会讨论是否投产一种新产品,对以下收支发生争论。你认为不应列入该项目评价的现金流量有(   )。
   A. 新产品投产需要占用营运资金100万元,它们可在公司现有周转资金中解决,不需要另外筹集
   B. 该项目利用现有未充分利用的厂房和设备,如将该设备出租可获收益200万元,但公司规定不得将生产设备出租,以防止对本公司产品形成竞争
   C. 新产品销售会使本公司同类产品减少收益100万元;如果本公司不经营此产品,竞争对手也会推出此产品
   D. 运用为其他产品储备的原材料约200万元
5. 下列说法中正确的是(   )。
   A. 货币时间价值是客观存在的经济现象
   B. 年金计算是货币时间价值的特殊形式

C. 在各期发生额相等的情况下,复利现值系数之和即是普通年金现值系数
D. 不使用普通年金的计算公式则无法计算普通年金的终值和现值

三、判断题

1. 评价投资项目的财务可行性时,如果总投资收益率的评价结论与净现值率指标的评价结论发生矛盾,应当以总投资收益率指标的结论为准。（　　）

2. 内部收益率的大小与事先设定的折现率的高低有关。（　　）

3. 某公司对某投资项目的分析与评价资料如下:该投资项目适用的所得税税率为20%,年税后营业收入为800万元,税后付现成本为320万元,税后净利润240万元。那么,该项目年营业现金流量为410万元。（　　）

4. 在现值及期限一定的情况下,利率越高,终值越大;在终值及期限一定的情况下,利率越高,现值越小。（　　）

【案例分析】

示例　SM 公司的投资决策分析

SM 公司准备改进一条生产线,有两种方案可供选择,一种是全自动化,另一种是半自动化,使用期都是 5 年。两种方案每年都能产销 10 000 件产品。

全自动化生产线设计的总投资额为 300 万元。产品材料成本每件 36 元,人工及变动间接成本预计每件 54 元。

半自动化生产线设计的总投资额为 75 万元,但是半自动化生产线会造成较高的材料损耗,产品的平均材料成本每件 42 元,人工及变动间接成本预计每件 123 元。

不论选择哪一种制造方案,成品的售价都是每件 225 元。

5 年以后,全自动化生产线的残值为 30 万元,半自动化生产线残值为 0。管理层使用直线法折旧,而他们对投资资本所要求的投资报酬率为 16%。折旧是唯一的增量固定成本,所得税税率为 25%。

在分析这类投资机会时,公司需要计算每件产品的平均成本、年净利润、年保本销售量和净现值。

资料来源:http://www.docin.com.

[要求]
1. 请计算应该呈交给管理层的数据,以协助他们做出投资分析。
2. 评论上述所计算的数据,并对该投资选择做出建议。

[分析]
1. 根据背景数据,计算公司需要的有关数据,具体计算过程如下:

全自动化生产线的年折旧费=(3 000 000－300 000)÷5=540 000(元)

每件产品的折旧费=540 000÷10 000=54(元)

半自动化生产线的年折旧费=750 000÷5=150 000(元)

每件产品的折旧费=150 000÷10 000=15(元)

全自动化生产线每件产品的单位变动成本=36+54=90(元)

半自动化生产线每件产品的单位变动成本=42+123=165(元)

完全成本法下每件产品成本：
全自动化生产线每件产品成本＝90＋54＝144(元)
半自动化生产线每件产品成本＝165＋15＝180(元)
全自动化生产线的保本销售量＝540 000÷(225－90)＝4 000(件)
半自动化生产线的保本销售量＝150 000÷(225－165)＝2 500(件)
全自动化生产线的年净利润＝[(225－90)×10 000－540 000]×(1－25％)
　　　　　　　　　　　　＝607 500(元)
半自动化生产线的年净利润＝[(225－165)×10 000－150 000]×(1－25％)
　　　　　　　　　　　　＝337 500(元)
全自动化生产线的年经营净现金流＝607 500＋540 000＝1 147 500(元)
半自动化生产线的年经营净现金流＝337 500＋150 000＝487 500(元)
两种生产线产品净现金流量如表8－1所示。

表8－1　　　　　　　　　　两种方案的现金流计算表　　　　　　　　　单位：元

项　目	全自动化生产线	半自动化生产线
NCF_0	－3 000 000	－750 000
$NCF_{1\sim4}$	1 147 500	487 500
NCF_5	1 447 500	487 500

全自动化设备净现值NPV
＝－3 000 000＋1 147 500×$(P/A,16\%,5)$＋300 000×$(P/F,16\%,5)$
＝－3 000 000－1 147 500×3.274 3＋300 000×0.476 1
＝900 089.25(元)

半自动化设备净现值NPV
＝－750 000＋487 500×$(P/A,16\%,5)$
＝－750 000＋487 500×3.274 3
＝846 221.25(元)

2. 从前述计算结果可以看出,当两条生产线产销量相同都为10 000件时,全自动化生产线净利润大于半自动化生产线的净利润；在目前的产销水平上,全自动化生产线投资的净现值大于半自动化生产线投资的净现值。也就是说,如果企业资金相对充裕,能够投资全自动化生产线时,选择投资全自动化生产线会给公司带来较大的价值增值。但是如果资金有限,可以比较两种方案的现值指数,全自动化的现值指数PI_1＝(900 089.25＋3 000 000)÷3 000 000＝1.30,半自动化的现值指数PI_2＝(846 221.25＋750 000)÷750 000＝2.13,会发现半自动化生产线的投资回报率远远高于全自动化生产线的投资回报率,就可以选择半自动化生产线投资。

在目前的销售水平下,半自动化设备的安全边际率＝(10 000－2 500)÷10 000＝75％,全自动化设备的安全边际率＝(10 000－4 000)÷10 000＝60％,从这个角度比较可以看出,半自动化生产线的经营风险小于全自动化生产线的经营风险。

综合前面的分析,在其他条件相同时,公司如果想要选择一个风险相对较小、获利能力相对较高的投资项目时,半自动化生产线投资是一个相对不错的选择。

但是当两者产品质量、最高产能、市场最高需求以及设备的柔性等方面如果不同,就需要重新考虑有关数据进行分析。

任务一 红光实业公司的投资决策

红光实业公司拟投产一新产品,预计第一年销量为9万件,以后随着市场打开,每年预计销量保守估计会提高10%,连续提高3年后达到稳定水平。现需要购置一条专用生产线,预计价款95万元,建设期1年,预计发生资本化利息5万元。设备按5年提折旧,采用直线法计提,净残值率为5%。该新产品预计销售单价20元/件,单位变动成本12元/件,每年固定经营成本(不含折旧)50万元。该公司所得税税率为25%;投资的最低报酬率为10%,运营期财务费用为0。

资料来源:杜学森. 管理会计实训教程[M]. 南京:东南大学出版社,2005.

[要求]
1. 计算净现值为零时的息税前利润。
2. 计算净现值为零时的销售量水平。
3. 红光实业公司能投产这一新产品吗?请你为红光实业公司的投资决策给出自己的建议,并附有关数据对你的决策进行支持。
4. 在进行投资之前,还要考虑哪些因素?

任务二 宏达公司的投资决策

宏达公司拟投资 250 000 元对一产品生产线进行改建,以满足市场对该产品的需求。该生产线是三年前投资 3 000 000 元购建的,预计其经济寿命期为 5 年,使用期满无残值。该生产线每年生产甲产品 10 000 件,每件售价 100 元,单位变动成本 60 元,固定成本总额为 300 000 元。改建后生产线可继续使用 5 年,并且每年产销量增加 2 000 件,除折旧外的成本无变动。公司适用的所得税税率为 25%,平均资金成本率为 10%。

[要求]
如果你是公司的财务人员,请你根据以上资料,完成以下任务:
选择合适的方法对宏达公司的这一投资进行评价,并给出投资建议,要求有充分的数据说明你的建议是合理的。

任务三 达能公司新建项目投资决策

达能公司是生产 D 产品的中型企业,该公司生产的 D 产品质量优良,价格合理,长期以来供不应求。为扩大生产能力,公司准备新建一条生产线。负责这项投资工作的总会计师经过调查研究后,得到如下有关资料:

(1)该生产线的原始投资额12.5万元,分两年投入。第一年初投入10万元,第二年初投入 2.5 万元。第二年末项目完工可以试投产使用,投产后每年可生产 D 产品 1 000 台,每台销售价格为 300 元,每年可获销售收入 30 万元,投资项目可使用 5 年,残值 2.5 万元,垫支流动资金 2.5 万元,这笔资金在项目结束时可全部收回。

(2)该项目生产的产品总成本的构成如表8—2所示。

表8-2　　　　　　　　　　　　　　　产品成本构成表　　　　　　　　　　　　　　　单位：万元

项　目	金　额
材料费用	20
制造费用	2
人工费用	3
折旧费用	2

总会计师通过对各种资金来源进行分析，得出该公司加权平均的资金成本为10%。

同时还计算出该项目的营业现金流量、现金流量、净现值，并根据其计算的净现值，认为该项目可行。有关数据见表8-3～表8-5。

表8-3　　　　　　　　　　　　　投资项目营业现金流量计算表　　　　　　　　　　　　　　单位：元

项　目	第1年	第2年	第3年	第4年	第5年
销售收入	300 000	300 000	300 000	300 000	300 000
现付成本	250 000	250 000	250 000	250 000	250 000
其中：材料费用	200 000	200 000	200 000	200 000	200 000
人工费用	30 000	30 000	30 000	30 000	30 000
制造费用	20 000	20 000	20 000	20 000	20 000
折旧费用	20 000	20 000	20 000	20 000	20 000
税前利润	30 000	30 000	30 000	30 000	30 000
所得税(25%)	7 500	7 500	7 500	7 500	7 500
税后利润	22 500	22 500	22 500	22 500	22 500
现金流量	42 500	42 500	42 500	42 500	42 500

表8-4　　　　　　　　　　　　　投资项目现金流量计算表　　　　　　　　　　　　　　单位：元

项　目	投资建设期			经营期			
	0	1	2	3	4	5	6	7
初始投资	100 000	25 000						
流动资金投资			25 000					
营业现金流量				42 500	42 500	42 500	42 500	42 500
设备残值								25 000
流动资金回收								25 000
现金流量合计	100 000	25 000	25 000	42 500	42 500	42 500	42 500	92 500

表8-5　　　　　　　　　　　　　投资项目净现值计算表

时　间	现金流量(元)	10%贴现系数	现值(元)
0	-100 000	1.000 0	-100 000.00
1	-25 000	0.909 1	-22 727.50

续表

时　间	现金流量(元)	10% 贴现系数	现值(元)
2	-25 000	0.826 4	-20 660.00
3	42 500	0.751 3	31 930.25
4	42 500	0.683 0	29 027.5
5	42 500	0.620 9	26 388.25
6	42 500	0.564 5	23 991.25
7	92 500	0.531 2	49 136
净现值			17 085.75

(3)公司中层干部意见如下：

①经营副总认为，在项目投资和使用期间，通货膨胀率大约为10%，将对投资项目各有关方面产生影响；

②基建处处长认为，由于受物价变动的影响，初始投资将增长10%，投资项目终结后，设备残值将增加到37 500元；

③生产处处长认为，由于物价变动的影响，材料费用每年将增加14%，人工费用将增加10%；

④财务处处长认为，扣除折旧后的制造费用，每年将增加4%，折旧费用每年仍为20 000元；

⑤销售处处长认为，产品销售价格预计每年可增加10%。

资料来源：https://www.guayunfan.com/lilun/382393.html。

[要求]

如果你是达能公司的总会计师的会计助理，请你根据公司中层干部的意见，找出影响投资项目的各因素，再进行投资项目的现金流量及净现值的重新测算，以便为公司领导提供更为有力的决策依据。

任务四　开开日用化学品公司投资决策分析

20×8年4月14日上午，开开日用化学品公司正在召开会议，讨论新产品开发及其资本支出预算等有关问题。

开开公司成立于20×0年，主要生产彩虹牌系列洗涤剂。面对日益激烈的商业竞争和层出不穷的科技创新，开开公司投入大量资金进行新产品的研究和开发工作，经过两年不懈努力，终于试制成功一种新型、高浓缩液体洗涤剂——海浪牌液体洗涤剂。该产品采用国际最新技术、生物可解配方制成，与传统的粉状洗涤剂相比，具有以下几项优点：(1)采用海浪牌系列洗涤剂漂洗相同重量的衣物，其用量只相当于粉状洗涤剂的1/6或1/8；(2)对于特别脏的衣物、洗衣量较大或水质较硬的地区，如华北、东北，可达最佳洗涤效果，且不需要事前浸泡，这一点是粉状洗涤剂不能比拟的；(3)采用轻体塑料瓶包装，使用方便，容易保管。

参加会议的有公司董事长、总经理、研究开发部经理、财务部经理等有关人员。会上，研究开发部经理首先介绍了新产品的特点、作用、研究开发费用以及开发项目的现金流量等。研究开发部经理指出，生产海浪牌液体洗涤剂的原始投资为2 500 000元，其中新产品市场调查研究费 500 000 元(这项活动在去年底就已经完成),购置专用设备、包装用品设备等需投资 2 000 000 元。预计设备使用年限 15 年,期满无残值。按 15 年计算新产品的现金流量,与公司一贯奉行的经营方针相一致,在公司看来,15 年以后的现金流量具有极大的不确定性,与其预计误差,不如不予预计。

研究开发部经理列示了海浪牌洗涤剂投产后公司年现金流量表(见表 8—6),并解释由于新产品投放后会冲击原来两种产品的销量,因此海浪牌洗涤剂投产后增量现金流量如表 8—7 所示。

表 8—6　　　　　　　　　开发海浪牌产品后公司预计现金流量　　　　　　　　　单位:元

年份	现金流量(元)	年份	现金流量
1	280 000	9	350 000
2	280 000	10	350 000
3	280 000	11	250 000
4	280 000	12	250 000
5	280 000	13	250 000
6	350 000	14	250 000
7	350 000	15	250 000
8	350 000		

表 8—7　　　　　　　　　开发海浪牌产品后公司增量现金流量　　　　　　　　　单位:元

年份	现金流量(元)	年份	现金流量
1	250 000	9	315 000
2	250 000	10	315 000
3	250 000	11	225 000
4	250 000	12	225 000
5	250 000	13	225 000
6	315 000	14	225 000
7	315 000	15	225 000
8	315 000		

研究开发部经理介绍完毕,会议展开了讨论,在分析了市场状况、投资机会以及同行业发展水平的基础上,确定公司投资机会成本为 10%。

公司财务部经理首先提问:海浪牌洗涤剂开发项目资本支出预算中为什么没有包括厂房和其他设备支出?

研究开发部经理解释道:目前,彩虹牌系列洗涤剂的生产设备利用率仅为 55%,由于这些设备完全适用于生产海浪牌液体洗涤剂,故除专用设备和加工包装所用的设备外,不需再增加其他设备。预计海浪牌洗涤剂生产线全部开机后,只需要 10% 的工厂生产能力。

公司总经理问道:开发新产品是否应考虑增加的流动资金?研究开发部经理解释说:新产品投产后,每年需追加流动资金 200 000 元,由于这项资金每年年初借、年末还,一直保留在公司,所以不需将此项费用列入项目现金流量中。

接着,公司董事长提问:生产新产品占用了公司的剩余生产能力,如果将这部分剩余能力出租,公司将得到近 2 000 000 元的租金收入。因此新产品投资收入应该与租金收入相对比。但他又指出,开开公司一直奉行严格的设备管理政策,即不允许出租厂房设备等固定资产。按此政策,公司有可能接受新项目,这与正常的投资项目决策方法有所不同。

讨论仍在进行,主要集中的问题是:如何分析严格的设备管理政策对投资项目收益的影响? 如何分析新产品市场调查研究费和追加的流动资金对项目的影响?

资料来源:https://www.docin.com/p-1157933764.html.

[要求]

1. 如果你是财务部经理,你认为新产品市场调查研究费属于该项目的现金流量吗?
2. 关于生产新产品所追加的流动资金,应否算作项目的现金流量?
3. 新产品生产使用公司剩余的生产能力,是否应该支付使用费? 为什么?
4. 就新型液体洗涤剂挤占公司现有产品销售和市场这个事实而言,新型液体洗涤剂项目现金流量是用表 8—6 的数据还是表 8—7 的数据? 如果即使公司不推出新型液体洗涤剂,竞争对手也会推出类似的产品,会影响你的回答吗?
5. 试计算投资项目的 NPV、IRR 和 PI,并根据其他因素,做出你最终的选择:是接受项目还是放弃项目?

任务五　红光家具公司的货运卡车购置计划

红光家具制造公司需要将其产品由加工工厂运往销售地,加工厂与销售地相距 2 500 千米。过去该公司的产品由运输公司运送,每千克收运费 0.35 元。该公司的财务经理目前在考虑购置一辆运货卡车,打算自行运送家具去销售地,有关卡车的数据如表 8—8 所示。

表 8—8　　　　　　　　　　货运卡车的财务数据

卡车购买价格	150 000 元
卡车估计使用年限	5 年
卡车 5 年后残值	0
运货装载量	10 000 千克
卡车的现金使用成本	0.90 元/千米

该项对购货卡车的投资,财务经理认为颇具吸引力,因为他已经同销售地的某一家公司谈妥给这家公司从销售地向加工工厂所在地带返程货,每运回一车货给运费 2 400 元,这家公司每年需要运往加工厂所在地的货物达 100 车。

家具公司的销售经理预计由加工厂运往销售地的货物在今后 5 年中每年可达 500 000 千克。家具公司要求卡车来回程必须满载。

资料来源:杜学森. 管理会计实训教程[M]. 南京:东南大学出版社,2005.

[要求]

假设家具制造公司要求的最低收益率为 20%。请你根据以上数据考虑以下问题:

1. 通过计算分析,说明该项投资是否可行?
2. 销售地一家公司每年要求运往加工厂所在地的货保证最少为多少车时,此项对卡车的投资方案可以采纳?

任务六　不同排水技术方案的选择

有两个排水技术方案,方案 A 采用电动自控排水泵,一次投资共需 5 000 元,每年维修费估计为 200 元,每运行 1 小时的电费为 0.8 元,10 年后的残值估计为 300 元。方案 B 采用内燃机排水泵,一次投资 2 000 元,每运行 1 小时的燃料费为 0.5 元,维修费为 0.2 元,人工费为 0.8 元,10 年后的残值估计为 150 元。设年利率为 12%,两个方案的排水效果相同。

资料来源:https://www.doc88.com/p-2909941787982.html.

[要求]

请你运用所学知识比较分析一下,应选何种方案为优?

任务七　房地产开发方案的选择决策

某房地产公司拟开发一住宅小区,建设经营期为 8 年,现有三个开发方案:

(1)大面积开发需 2 亿元,初步估算,商品房销售较好时每年可获利 8 000 万元;销售不好时,每年亏本 2 000 万元。

(2)小面积开发,需投资 1.2 亿元,初步估算,商品房销售较好时每年可获利 3 500 万元;销售不好时,每年仍可获利 2 500 万元。

(3)先小面积开发,2 年后商品房销路好时再扩大,此时需投资 1.5 亿元,扩大开发后,每年可获利 8 000 万元。

已知:市场商品房销售形势预测,产品销路好时的概率为 0.7,销路不好的概率为 0.3。

资料来源:https://www.doc88.com/p-2909941787982.html.

[要求]

请你根据以上条件,进行方案决策。

任务八　W 企业的投资决策

某大型企业 W 从事医药产品开发,现准备追加投资扩大其经营规模,所需设备购置价款为 5 000 万元,当年投资当年完工投产无建设期,该项目运行的话需要垫支营运资金 50 万元(期满可以收回)。另外,为了投资该项目需要在第 1 年支付 300 万元购入一项商标权,假设该商标权自投产年份起按经营年限平均摊销。该项投资预计有 6 年的使用年限,期满残值为零。该方案投产后预计产品销售单价 40 元,单位变动成本 14 元,每年经营性固定付现成本 100 万元,年销售量为 45 万件,用直线法提折旧,会计和税法规定相同。目前该企业的 β 值为 1.5,市场风险溢价为 8%,无风险利率为 4%,所得税税率为 20%。该企业的资本包括权益资本和债务资本两部分,债务资本全部为 5 年期债券,每张债券的面值为 980 元,票面年利率为10%,发行价格为 980 元,每年付一次息,到期还本,共发行 10 000 张;股权市场价值为 330 万元。权益资本和债务资本的筹集均不考虑筹资费用。该项目将按目前的资本结构融资,预计该项目追加投资后由于风险增加,该企业要求增加 5 个百分点的额外风险报酬率。

资料来源:http://www.baby611.com/shiti/s/2012/90068_15.html.

[要求]

1. 计算该项目各年的经营现金净流量。
2. 确定该公司的资金成本率。

3. 确定该项目的最低报酬率。
4. 用净现值法对该项目进行决策(折现率保留小数点后两位)。

【问题思考】

1. 如何区分独立方案和互斥方案？
2. 长期投资可能会有哪些投资风险？
3. 长期投资决策应该考虑哪些因素？
4. IRR 是项目赚取的真实或实际的投资回报率。这种观点对吗？为什么？
5. 在采用动态法进行长期投资决策时，有哪些假设前提？

实训九 全面预算

【知识结构图】

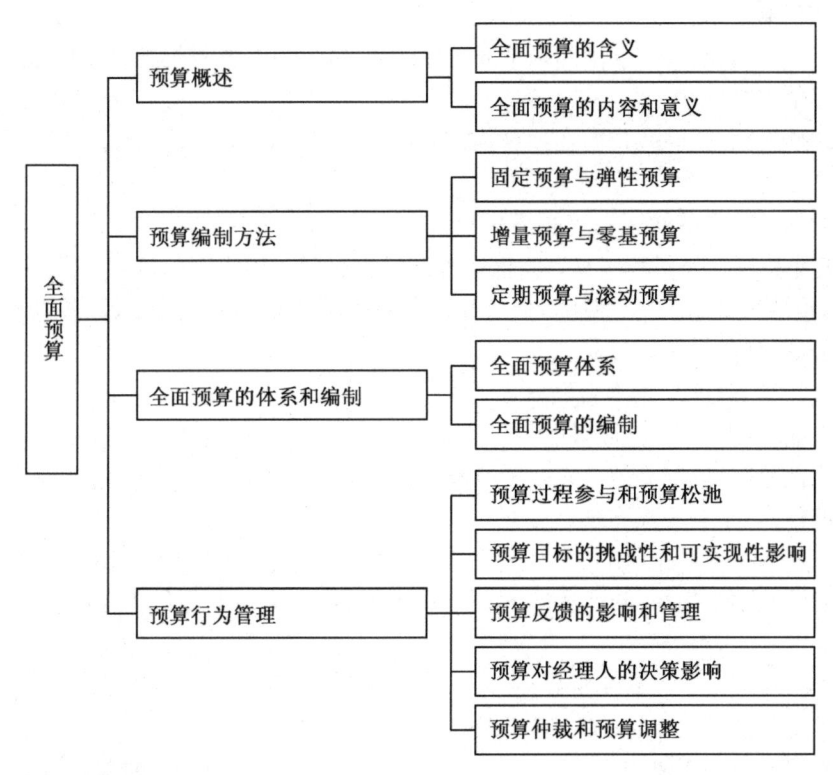

```
                    ┌─ 预算概述 ─────────────┬─ 全面预算的含义
                    │                       └─ 全面预算的内容和意义
                    │
                    ├─ 预算编制方法 ─────────┬─ 固定预算与弹性预算
                    │                       ├─ 增量预算与零基预算
                    │                       └─ 定期预算与滚动预算
          全面预算 ──┤
                    ├─ 全面预算的体系和编制 ─┬─ 全面预算体系
                    │                       └─ 全面预算的编制
                    │
                    │                       ┌─ 预算过程参与和预算松弛
                    │                       ├─ 预算目标的挑战性和可实现性影响
                    └─ 预算行为管理 ─────────┼─ 预算反馈的影响和管理
                                            ├─ 预算对经理人的决策影响
                                            └─ 预算仲裁和预算调整
```

【知识的理解与运用】

一、单项选择题

1. 下课后，陈明和吴雪正在与老师讨论某种预算方法的假设条件。主要有：增加预算费用是值得的；原有各项开支是合理的；现有的业务活动是企业必需的。根据他们的说法，他们在讨论的最可能预算方法是（　　）。

A. 增量预算　　　　B. 零基预算　　　　C. 弹性预算　　　　D. 滚动预算

2. 陈明学习了增量预算和零基预算之后,认为它们存在四个方面的区别,如表9-1所示。其中陈明理解错误的是(　　)。

表9-1　　　　　　　　　　增量预算法和零基预算法的比较

	增量预算	零基预算
A. 编制基础	前期或基期结果	一切从零开始
B. 编制方法	调整前期结果	重新分配有限的资金
C. 成本效益分析对象	新增的业务活动	重要的经济活动
D. 着眼点	金额的增减	业务活动的必需性和重要程度

3. 琴芬家居装饰有限公司一直以来都是定期编制预算的。随着公司的成长,定期预算逐渐暴露出它的弊病。林岚列举了定期预算的缺点,试图说服高层管理者取消定期预算。其中错误的是(　　)。

A. 由于受预算期的限制,管理人员的决策只关注预算期间的活动,没能随时间推移结合长远战略

B. 由于预算期较长,难以预测未来的某些活动,特别是在预算期的后半阶段,原有预算往往不能发挥效用

C. 事先预见到的某些活动,在预算执行过程中往往会有所变动,而原有预算未能及时调整导致不再适用

D. 通常在每年末编制下一年的预算,不利于考核和评价预算执行结果

4. 佳美礼品有限公司利用预算考核销售部门的业绩。销售部门预计了产品的销量,并据此采用固定预算法编制了销售预算,但实际销量与预算销量相差极大,使预算指标失去意义。这说明固定预算法的致命缺点是:(　　)。

A. 灵活性差,只能根据唯一的业务量水平来编制

B. 适应性差,没有考虑预算期内实际业务量水平是否发生变动

C. 可比性差,一旦预算量与实际量有较大差异,一切预算指标都不再适用

D. 透明性差,不利于动态把握企业全局

5. 某企业20×3年计划1、2、3月采购直接材料分别为3 885元、5 180元和5 820元,采购当月支付购货款的60%,下月支付余下的40%,则企业将在3月份为采购直接材料支出现金(　　)。

A. 4 841元　　　　B. 4 662元　　　　C. 5 564元　　　　D. 以上答案均不对

6. 下列关于生产预算的表述中,错误的是(　　)。

A. 生产预算是一种业务预算　　　　B. 生产预算不涉及实物量指标
C. 生产预算以销售预算为基础编制　　D. 生产预算是直接材料预算的编制依据

7. 某企业制造费中油料费用与机器工时密切相关,预计预算期固定油料费用为10 000元,单位工时的变动油料费用为10元,预算期机器总工时为3 000小时,则预算期油料费用预算总额为(　　)元。

A. 10 000　　　　B. 20 000　　　　C. 30 000　　　　D. 40 000

二、多项选择题

1. 下列属于增量预算优点和缺点的有（　　）。
   A. 受原有费用项目限制，预算调增容易调减难，使原来不合理的费用开支继续存在下去
   B. 以基期数为基准，再考虑有关变动因素，对基期数进行调整，通俗易懂，操作简单
   C. 对于那些未来实际需要开支的项目，可能因为没有考虑到未来情况的变化而造成预算不足
   D. 容易滋长"平均主义"和"简单化"，容易鼓励预算编制人员凭主观臆断削减预算或只增不减

2. 实习生林雪瑶接受了编制现金预算的任务，下列属于现金预算编制基础的是（　　）。
   A. 销售预算　　　　　　　　　　B. 投资决策预算
   C. 销售费用预算　　　　　　　　D. 预计利润表

3. 弹性预算的优点在于（　　）。
   A. 预算范围广：弹性预算能够反映多种业务量水平相对应的不同预算额
   B. 可比性强：当预算量与实际量不一致时，可以将实际指标与对应预算指标相对比
   C. 连续性好：在时间上能够连续不断地规划未来的经营活动
   D. 透明度高：预算与日常管理紧密衔接，动态把握企业全局

4. 在编制生产预算时，计算某种产品预计生产量应考虑的因素包括（　　）。
   A. 预计材料采购量　　　　　　　B. 预计产品销售量
   C. 预计期初产品存货量　　　　　D. 预计期末产品存货量

5. 在管理会计中，构成全面预算内容的有（　　）。
   A. 业务预算　　B. 财务预算　　C. 专门决策预算　　D. 零基预算
   E. 滚动预算

6. 财务预算的主要内容包括（　　）。
   A. 现金预算　　　　　　　　　　B. 预计利润表
   C. 预计资产负债表　　　　　　　D. 投资决策预算
   E. 销售预算

7. 在编制现金预算时，（　　）是决定企业是否进行资金融通以及资金融通数额的依据。
   A. 期初现金余额　　　　　　　　B. 期末现金余额
   C. 预算期内发生的现金收入　　　D. 预算期内发生的现金支出
   E. 企业既定的现金余额范围

8. 下列关于财务预算的表述中，正确的有（　　）。
   A. 财务预算多为长期预算
   B. 财务预算又被称作总预算
   C. 财务预算是全面预算体系的最后环节
   D. 财务预算主要包括现金预算和预计财务报表

三、判断题

1. 财务预算通常被称为总预算。（　　）
2. 全面预算是以货币为主要计量单位，通过一系列预计的财务报表及附表展示其资源配

置情况的有关企业总体计划的数量说明。（　　）

3. 弹性预算编制的基础是成本性态分析。（　　）

4. 全面预算有益于协调各职能部门的关系。（　　）

5. 专门决策预算主要反映项目投资与筹资计划，是编制现金预算和预计资产负债表的依据之一。（　　）

6. 采用弹性预算法编制成本费用预算时，业务量计量单位的选择非常关键，自动化生产车间适合用机器工时作为业务量的计量单位。（　　）

【案例分析】

示例　展鹏公司财务预算

展鹏公司是只生产和销售一种产品的小微型企业。为了对未来年度的经营状况有较好的计划和控制，在20×2年底前，公司根据财务人员的建议，开始编制20×3年财务预算。

根据对20×2年销售情况的分析，并结合有关因素的变动情况，公司根据企业预计年度的目标利润确定了20×3年度产品的销售数量、销售单价和销售收入等情况，确定了公司的销售预算。已知公司20×3年初应收账款为7 300元。预计20×3年度各季度预计销售量如表9—2所示。根据公司的信用政策，每季度销售额中当季收回80%，下季度收回20%。预计销售单价为200元。

表9—2　　　　　　　展鹏公司20×3年度预计销量　　　　　　　单位：件

1季度	2季度	3季度	4季度	全年
160	210	280	250	900

公司的存货政策为在每季度末保持下季度销售量的10%作为存货，预算期末和期初的存货数量分别为21件和11件，已知期初11件产品成本为1 705元。

根据生产部门的数据，公司生产的该产品只使用一种材料，每件产品消耗这种材料10千克，每千克材料单价为5元，同时要求各季度末材料存货数量按照下季度生产需要量的10%计算，已知第一季度季初库存材料数量为200千克，第四季度末材料库存数量为300千克，公司根据享受供应商的信用政策，确定材料款需要当季支付60%，其余的下季度支付。已知期初材料应付账款为2 519元。该产品的单位产品定额工时为10小时，每小时标准工资为8元。变动制造费用预计全年9 100元，固定制造费用全年13 650元。制造费用的预算数据详见表9—3。制造费用按照直接人工工时进行分配。

表9—3　　　　　　展鹏公司20×3年制造费用预算表　　　　　　单位：元

季度 项目	1	2	3	4	全年
变动制造费用					
间接材料	680	868	1 108	984	3 640
间接人工	340	434	554	492	1 820
修理费	510	651	831	738	2 730

续表

项目\季度	1	2	3	4	全年
水电费	170	217	277	246	910
小计	1 700	2 170	2 770	2 460	9 100
固定制造费用					
管理人员工资	400	400	400	400	1 600
修理费	800	1 000	1 400	1 200	4 400
折旧费	1 600	1 600	1 600	1 600	6 400
保险费	90	150	180	230	650
财产税	150	150	150	150	600
小计	3 040	3 300	3 730	3 580	13 650
合计	4 740	5 470	6 500	6 040	22 750

根据销售和管理部门的数据,得出全年销售和管理费用的预算数据如表9—4所示。销售费用和管理费用为固定费用,各季度均匀发生。

表9—4　　　　　　　　展鹏公司20×3年度销售和管理费用预算表　　　　　　　　单位:元

项　目	金　额
销售费用:	
销售人员工资	4 000
广告费用	8 000
包装、运输费	3 500
保险费	2 700
管理费用:	
管理人员工资	8 000
福利费	1 000
保险费	800
办公费	1 800
合计	29 800

根据公司的现金管理政策,每个季度末需要保留现金余额为8 000元,不足时向银行借款,借款和还款的数额都是1 000的倍数。根据与银行签订的合同,借款的年利率为10%,借款时间为期初借款,还款时间为期末。

公司除了前述的业务计划外,没有其他的业务产生应收账款和应付账款。

根据公司的项目投资计划,预计在第二季度会购买一台设备,需要支付设备款11 000元。同时根据公司的股利政策,每半年支付一次股利,预计全年支付股利16 000元。所得税每季度预付1 000元,年末再汇算清缴,公司适用的所得税税率为20%。

[要求]

如果你是该公司财务人员王经理,请你编写展鹏公司的财务预算表。要求按季度编制销售预算、生产预算、成本费用预算,并编制产品成本预算。根据前面的业务预算数据,编写公司的现金收支预算表、利润预算表。并分析该预算是否有问题,如果有,请指出来并给出可能的解决方案。

[分析]

1. 销售预算是根据对上一年销售情况的分析并结合相关因素的变化,根据企业预计年度的目标利润确定预计的销售量、销售单价和销售收入等编制的预算。具体见表9—5。

表9—5　　　　　　　　　　　　　销售预算与现金收入预算表

项目	1季度	2季度	3季度	4季度	全年
销售量(件)	160	210	280	250	900
销售额(元)	32 000	42 000	56 000	50 000	180 000
期初应收账款(元)	7 300	6 400	8 400	11 200	7 300
当期销售现金收入(元)	25 600	33 600	44 800	40 000	170 000
上期应收账款收回(元)	7 300	6 400	8 400	11 200	7 300
本期现金收入合计(元)	32 900	40 000	53 200	51 200	177 300
期末应收账款(元)	6 400	8 400	11 200	10 000	10 000

2. 生产预算是安排预算期生产规模的预算。按照"以销定产"的原则在销售预算的基础上编制生产预算。预计生产量预算的多少取决于公司的存货政策。根据"预计生产量＝预计销量＋预计期末存货量－预计期初存货量"来确定预算期的生产量。本公司的具体预算数据详见表9—6。

表9—6　　　　　　　　　　　　　　生产预算　　　　　　　　　　　　　　单位:件

项目	1季度	2季度	3季度	4季度	全年
销售量	160	210	280	250	900
预计期末存货	21	28	25	21	21
预计期初存货	11	21	28	25	11
当期生产量	170	217	277	246	910

3. 直接材料采购预算,是用来确定预算期材料采购数量和采购成本的预算。具体采购量的预算确定取决于公司的材料存货政策和生产需要量。其中"生产需要量＝单位产品材料消耗定额×预计生产量,材料采购预算量＝期末材料库存量＋本期生产需要量－期初材料库存量"。根据前面的分析和背景数据,我们做出公司材料采购预算(见表9—7)。

表9—7　　　　　　　　　　　　　材料采购预算

项目	1季度	2季度	3季度	4季度	全年
当期生产量(件)	170	217	277	246	910

续表

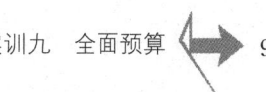

项　目	1季度	2季度	3季度	4季度	全　年
生产需要量(千克)	1 700	2 170	2 770	2 460	9 100
预计期末库存量(千克)	217	277	246	300	300
预计期初库存量(千克)	200	217	277	246	200
预计采购量(千克)	1 717	2 230	2 739	2 514	9 200
采购单价(元)	5	5	5	5	5
预计采购金额(元)	8 585	11 150	13 695	12 570	46 000

根据前面的采购预算，我们编制预计现金支出预算，详见表9—8。

表 9—8　　　　　　　　　　　　预计材料采购现金支出表　　　　　　　　　　　单位:元

项　目	1季度	2季度	3季度	4季度	全　年
期初应付账款	2 519	3 434	4 460	5 478	2 519
本期材料采购款	8 585	11 150	13 695	12 570	46 000
支付当期材料款	5 151	6 690	8 217	7 542	40 972
支付上期材料款	2 519	3 434	4 460	5 478	2 519
本期支付材料款合计	7 670	10 124	12 677	13 020	43 491
期末应付材料款	3 434	4 460	5 478	5 028	5 028

4. 直接人工预算是根据预算期内生产预算量和直接人工标准预算确定的人工成本水平。其中"工时耗用总量＝预计生产量×单位产品工时定额"，"预计直接人工总成本＝标准工资率×工时耗用总量"。直接人工预算表详见表9—9。

表 9—9　　　　　　　　　　　　　　直接人工预算

项　目	1季度	2季度	3季度	4季度	全　年
本期生产量(件)	170	217	277	246	910
耗时定额(小时)	10	10	10	10	10
人工工时(小时)	1 700	2 170	2 770	2 460	9 100
小时工资率(元)	8	8	8	8	8
直接人工成本(元)	13 600	17 360	22 160	19 680	72 800

5. 制造费用预算编制。根据公司制造费用发生的规律，把制造费用分为固定制造费用和变动制造费用，变动制造费用可以用生产量、直接人工工时、机器工时等为基础编制，也可以用标准成本资料来编制。固定制造费用需要根据历史数据或标准数据逐项统计。本公司的变动制造费用根据预计总工时分析。

预计总工时＝预计生产量×单位产品定额工时

变动制造费用＝预计总工时×变动制造费用分配率

制造费用分配率＝制造费用÷相关分配率标准

预计现金支出＝变动制造费用＋固定制造费用－折旧

根据表9－3编写本公司的制造费用现金支出。详见表9－10。

表9－10　　　　　　　　　　　　制造费用现金支出预算　　　　　　　　　　　　单位:元

项目	1季度	2季度	3季度	4季度	全年
制造费用合计数	4 740	5 470	6 500	6 040	22 750
折旧费	1 600	1 600	1 600	1 600	6 400
需要现金支出的制造费用	3 140	3 870	4 900	4 440	16 350

根据表9－3,变动制造费用分配率＝9 100÷9 100＝1(元/小时)

固定制造费用分配率＝13 650÷9 100＝1.5(元/小时)

6. 根据前面的人工费预算、生产预算、材料预算和制造费用预算编制产品成本预算,详见表9－11。

表9－11　　　　　　　　　　　　产品成本及期末存货成本预算　　　　　　　　　　　　单位:元

成本项目	单位产品成本	期末存货数量	期末存货成本
直接材料	50		
直接人工	80		
制造费用	25		
合计	155	21	3 255

7. 销售及管理费用预算详见表9－4。根据表9－4编制公司现金支出预算,详见表9－12。

表9－12　　　　　　　　　　　　销售及管理费用现金支出预算　　　　　　　　　　　　单位:元

项目	1季度	2季度	3季度	4季度	全年
每季度的现金支出预算	7 450	7 450	7 450	7 450	29 800

8. 根据前面的预算数据,编制公司的现金收支预算表。现金收支预算表包含现金收入预算、现金支出预算和现金收支差额预算,根据现金收支差额和预计的最佳现金余额的差异情况,分析公司是否需要进行现金的筹措或偿还有关借款或进行短期投资。详见表9－13。

表9－13　　　　　　　　　　　　展鹏公司20×3年现金收支预算表　　　　　　　　　　　　单位:元

项目	1季度	2季度	3季度	4季度	全年
期初现金余额	10 000	8 640	8 496	8 969	10 000
加:本期现金收入	32 900	40 000	53 200	51 200	177 300
本期可供使用资金	42 900	48 640	61 696	60 169	187 300
减:本期现金支出					
直接材料	7 670	10 124	12 677	13 020	43 491
直接人工	13 600	17 360	22 160	19 680	72 800

续表

项　目	1季度	2季度	3季度	4季度	全　年
制造费用	3 140	3 870	4 900	4 440	16 350
销售及管理费用	7 450	7 450	7 450	7 450	29 800
预付所得税	1 000	1 000	1 000	1 000	4 000
支付购买设备款		11 000			11 000
股利		8 000		8 000	16 000
现金支出合计	32 860	58 804	48 187	53 590	193 441
现金多余或不足	10 040	−6 764	21 249	19 859	−6 141
最佳现金余额	8 000	8 000	8 000	8 000	8 000
向银行借款	2 000	23 000	1 000	7 000	33 000
偿还银行借款	0	0	0	0	0
归还借款利息	0	0	0	0	0
期末现金余额	12 040	16 236	22 249	26 859	26 859

9. 根据前面的销售预算和成本费用预算表编制公司的利润预算表。详见表9—14。

表9—14　　　　　　　　　　展鹏公司20×3年利润预算表　　　　　　　　　　单位:元

项　目	1季度	2季度	3季度	4季度	全年
销售量	160	210	280	250	900
营业收入	32 000	42 000	56 000	50 000	180 000
减:营业成本	24 800	32 550	43 400	38 750	139 500
期初存货成本	1 705	3 255	4 340	3 875	1 705
加:本期生产成本	26 350	33 635	42 935	38 130	141 050
减:期末存货成本	3 255	4 340	3 875	3 255	3 255
毛利	7 200	9 450	12 600	11 250	40 500
减:期间成本	7 450	7 450	7 450	7 450	29 800
营业利润	−250	2 000	5 150	3 800	10 700
减:所得税					2 140
净利润	−250	2 000	5 150	3 800	8 560

表中营业成本的计算可以用两种方法,由于年初的单位产品成本和本年的单位产品成本一致,并且在技术水平和物价水平都没有变化的情况下,除了用"本期销货成本=期初存货成本+本期生产成本−期末存货成本"计算外,还可以用"本期销量×单位成本"来确定本期销货成本。

根据前面的现金收支预算表,会发现公司要想保持每季末8 000元的现金余额,必须每季度进行借贷来进行维持。说明公司目前经营获取现金的能力需要提高。通过前面的成本预算表可以看出,公司的产品成本155元,而单价只有200元,单位产品获取的毛利只有45元,销售毛利率＝45÷200＝22.5％,销售净利率＝8 560÷180 000＝4.76％。分析单位产品的变动成本＝50＋10＋80＝140(元),边际贡献率＝(200－140)÷200＝30％,保本点销售量＝(13 650＋29 800)÷60＝725(件),安全边际率＝(900－725)÷900＝13.89％远远低于20％,经营风险较大。所以公司需要想办法促进销售,扩大产品的市场占有量,以此来改善目前经营风险加大的情况。

任务一　嘉德公司全面预算

嘉德公司是一家生产大容量存储器系统的高科技企业。该公司正准备编制20×3年度的全面预算。全面预算将以下列数据为编制基础。

1. 20×2年第四季度的销售总量为55 000个。
2. 20×3年的预计季度销售量如表9－15所示。

表9－15　　　　　　　　　　20×3年的预计季度销售量

时　间	第一季度	第二季度	第三季度	第四季度
销售量	60 000个	65 000个	75 000个	90 000个

预计销售单价为400元,所有的销售都是赊销。在销售当季嘉德公司可以收回85％的赊销款,余下的15％在下个季度收回。没有坏账。

3. 没有期初库存产成品。嘉德公司预计每季度的库存产成品数量如表9－16所示。

表9－16　　　　　　嘉德公司预计每季度的库存产成品数量

时　间	第一季度	第二季度	第三季度	第四季度
库存量	13 000个	15 000个	20 000个	10 000个

4. 每个大储存器产品使用直接人工5小时和3千克的直接材料。工人们每小时的工资是10元,1千克原材料成本是80元。

5. 20×2年12月31日的库存直接材料为65 700千克。在每季度末,嘉德公司计划库存为下季度生产所需原材料的30％,嘉德公司计划使本年末的期末库存原材料等于本年期初库存原材料。

6. 嘉德公司通过赊购方式来采购原材料。有一半货款在取得原材料的当季付清,余下的一半在下一个季度付清。每月的15日和30日支付工资。

7. 每季度的固定制造费用为总计1 000 000元,其中有350 000元是折旧费。其他所有的固定费用都在发生时以现金支付。固定制造费用分配率等于全年固定制造费总额除以全年预计实际生产量。

8. 变动制造费用为每小时6元。所有变动制造费用都在发生当季支付现金。

9. 固定销售管理费用每季度总计250 000元,包括50 000元的折旧费。

10. 变动销售管理费用预计每一单位产品10元,所有的变动销售管理费用都在发生当季支付现金。

11. 根据公司现金管理政策,确定每季末最佳现金余额为20 000元,不足时可以向合作银行申请借款。根据与银行签订的合同,借款和还款的金额都是1 000的倍数,借款年利率为6％。每期期初借款,期末还款,还款时利随本清。公司适用的所得税税率为25％。

12. 20×2年12月31日的资产负债表如表9-17所示。

表9-17　　　　　　　　　　　　　　资产负债表　　　　　　　　　　　　　单位：元

资　　产		负债和所有者权益	
现金	250 000	应付账款	7 248 000
存货	5 256 000	股本	27 000 000
应收账款	3 300 000	留存收益	8 058 000
厂房和设备	33 500 000		
资产合计	42 306 000	负债和所有者权益合计	42 306 000

注：应付账款均为原材料购买应付款。

嘉德公司每季度将支付300 000元的股利，在第四季度末拟购买2 000 000元的设备。

资料来源：http://www.doc88.com.

[要求]

为嘉德公司编制20×3年的每一季度和全年的预算。预算必须包括以下几个部分：

(1)销售预算；(2)生产预算；(3)直接材料采购预算；(4)直接人工预算；(5)制造费用预算；(6)销售和管理费用预算；(7)期末产成品预算；(8)产品销售成本预算；(9)现金预算；(10)预计利润表(使用完全成本法)；(11)预计资产负债表。

任务二　舒柏公司的预算编制

舒柏公司为一家全国性的零售商。该公司获得一项新型打火机的独家经销权。过去数年间，此项打火机的销售急剧上升，故舒柏公司不得不增聘管理人员。假定你应聘到该公司，负责有关预算制度的推行。公司总经理交付你的第一项任务，是要编制一份从4月1日起的3个月的总预算。你希望能做好这项工作。因此，你先收集了如下的各项资料：

公司对于每月的期末现金额，希望能保持至少10 000元。该项新型打火机的售价为每只8元。最近数月以及预测今后数月的打火机销售量如表9-18所示。

表9-18　　　　　　　　　　　　　　打火机销售量及预测

月　份	实际或预计销量（只）
1	20 000
2	24 000
3	28 000
4	35 000
5	45 000
6	60 000
7	40 000
8	36 000
9	32 000

各月份的期末存货,应为下个月销售量的90%。该项打火机的进货成本为每只5元。

该公司进货付款的方法如下:

进货当月付款50%,其余50%于次月付清。该公司之销货全部为记账,无折扣。销售当月底前能收到销货的25%,次月收到50%,再次月收到25%。坏账极少,可以不计。

该公司每月的营业费用见表9—19。

表9—19　　　　　　　　　　每月的营业费用

项　目	金额(元)
变动费用	
销售佣金	1元/只
固定费用	
工资	36 000
水电	1 000
应摊保险费	1 200
折旧	1 500
其他	2 000

在上述各项营业费用中,除折旧和保险费用外,均须在费用发生的当月以现金支付。该公司预计5月份将需要购置固定资产25 000元,以现金支付。该公司宣布其上缴税利为每季12 000元,于下一季第一个月内上缴。该公司3月31日资产负债表见表9—20。

表9—20　　　　　　　　　　资产负债表

20×3年3月31日　　　　　　　　　　　　　　　　单位:元

资　产	金额(元)	负　债	金额(元)
现金	14 000	应付账款——进货	85 750
应收账款(2月份销货48 000元,3月份销货168 000元)	216 000	应交税费	12 000
存货(打火机31 500只)	157 500	负债合计	97 750
固定资产	172 700	实收资本	300 000
待摊保险费	14 400	留存收益	176 850
资产合计	574 600	负债和所有者权益合计	574 600

该公司能向其往来银行借款,年利10%,该公司约定月初借款,还款则在月底。利息计算及付息,系与还本时一并办理。借款之还本,以1 000元为单位,但借款可为任何金额。

资料来源:http://www.1mpi.com/doc/fa27011291c74d98e5123af8.

[要求]

现总经理要求你编制该公司至6月30日为止的3月的总预算,并应包括下列各项预算:

(1)①按月及全季合计的销货预算;

②销货及应收账款的分月及全季现金收账预算表;

③按月及全季合计的进货预算;

④按月及全季总额的进货现金支出预算表。

(2)请编制一份总预算,列明分月预算及全季预算。

①请编制一份该公司从 4 月 1 日到 6 月 30 日为止的 3 个月的预计收益表。

②请编制该公司 6 月 30 日预计资产负债表。

任务三　张宏的预算任务

东方轴承有限公司是 20 世纪 80 年代初成立的一家合资企业,该公司主要生产和销售汽车轴承。尽管近几年来国内轴承销路不太好,但是由于该公司市场促销有力,加上产品质量上乘,售后服务好,该公司利润一直在该行业中名列前茅,还出口到海外。目前公司已经建立了广泛的销售网络,并且还有优秀的技术工程人员。

公司特别注重产品的不断革新,将新技术用于产品的生产和设计中,并且还考虑了削减或维持现有成本。因此,东方轴承有限公司的产品品种不仅多,而且公司产品更可靠和经济,所有这些因素使得公司迅速成长。东方轴承有限公司的发展也和该公司跟银行有着密切、友好的关系分不开。由于公司利润高、信誉好、偿债能力强,因此银行在公司需要资金的情况下也乐意贷款给公司。

20×2 年 11 月 17 日,东方轴承有限公司财务助理张宏见到公司的副总裁兼财务主任马军的一纸便条,要他尽快去他办公室。当张宏赶到办公室,见到马军正在翻阅一组数据,原来,东方轴承有限公司的开户银行——工商银行为了估计 20×3 年的资金需要,要求其主要借款客户提出 20×2 年底到 20×3 年全年所需的借款额。

三天后,马军将要与工商银行负责处理东方轴承有限公司业务的贷款负责人李林有一次约会,届时他希望能将公司 20×3 年大概的资金需求数据提供给李林。然而,马军即将有一次商务旅行,一个小时内就要出发,他希望张宏能在他回到公司之前,完成资金需求的估计工作。这就是说,张宏只有两天时间准备预测报告。

东方轴承有限公司所提供的 20×3 年全年所需的借款额是公司总预算或预测的一部分。首先要根据付款期限预测对固定资产和存货的现金要求,这些信息要结合应收账款延迟期限、应税期限、利息和股息支付期限来考虑,所有这些信息都要归结在反映公司特定时期内现金流入和流出的现金预算表上。公司一般采用按月编制的现金预算表来预测来年的现金需要量,同时还以十分详细的按日或按周编制的现金预算表来预测下月的现金需要量。编制月现金预算表也是为了计划的目的,而编制日、周现金预算表也是为了控制实际现金的运用。

于是马军和张宏商定,立即着手编制公司的现金预算。虽然公司以前也曾做过现金预算,但它们都早已过时,现在只能从头开始。马军走后,张宏回到他自己办公室,思索如何着手进行预算报告的制定工作。

根据现有资料,张宏认为,在 20×3 年 1 月之前,公司没有必要再向银行借款,这样就把预算期间定在 20×3 年 1 月到 20×3 年 12 月。另外销售部门提供的销售预测数据如表 9—21 所示。

表 9—21　　　　　　　　　　　　销售预测表

年　度	月　份	销售额(元)
20×2	11	6 500 000
	12	8 000 000

续表

年　度	月　份	销售额(元)
20×3	1	3 500 000
	2	3 200 000
	3	3 200 000
	4	3 400 000
	5	3 700 000
	6	4 000 000
	7	4 500 000
	8	5 000 000
	9	5 500 000
	10	6 500 000
	11	7 000 000
	12	8 500 000
20×4	1	3 800 000
	2	3 200 000

历年的统计数据表明,销售预测与实际销售的误差为±20%。另外需要注意的是,上述预测没有计入销售折扣,而公司的信用政策是"1/10,N/30"。根据以往的经验,大约有15%的客户会在购货后第10天付款,而75%的客户会在30天内付款,另有10%的客户拖延付款,平均赊欠时间是60天。

采购的物资是预测销售的20%,这些物资的进货在销货的上一个月发生,公司在收到货物的当月支付货款的70%,次月付清余款。人工成本占预测销售额的40%,在销货前两个月发生,其中50%人工成本在发生当月支付,另外50%在次月付清。

管理人员工资每月需要70万元。目前的租约要求每月支付租金28万元,该租约在20×3年度依然生效。杂费估计每月可达到25万元,公司的未偿还借款为1 000万元,每年支付利息2次,分别在4月和9月,利率为10%。另外,公司打算在20×3年6月份淘汰一批设备,用新型设备代替,从而需要资金500万元。淘汰设备的残值和账面价值均为0。应税金额估计每季度75万元,分别在4月、7月、10月、下年1月支付。股利支付每季度15万元,分别在3月、6月、9月、12月支付。现金余额要求不少于260万元,20×2年12月31日的公司会计账面上将有这一金额。另外,假设所有的现金流动都在每月的15日发生。

盈余的现金将进行基金投资。估计20×3年该基金的平均收益率可达到10%。张宏认为,其净收益可用来补贴现金预算,公司在银行的信贷条件要求在优惠利率的基础上增加2个百分点。估计20×3年的优惠利率为8%。

资料来源:http://www.docin.com.

[要求]

作为财务助理张宏的助手,请你帮助他一起完成以下问题:

1. 完成东方轴承有限公司20×3年度现金预算,估计预算期内每月所需资金(或盈余资金)。公司计划在它的开户银行安排 500 万元的信贷额度,这能否弥补预测的现金不足?

2. 前些年的经验表明,实际销售额在预测销售额的 120%~80%之间变化。就公司的最佳状态和最坏状态做出现金预算,并估计这两种情况下的每月资金需求,分析这一结果与公司的信贷额度有什么联系?

3. 假定由于公司信用政策的改变,货款回收情况发生了变化,导致有 5%的客户享受销售折扣,40%及时付款,55%拖欠付款。在这种情况下,公司现金量的最大缺口额是多少?它出现在哪个月?(运用案例中原来的销售变动因子。)

任务四 制造企业预算的编制

1. 业务背景

杭汽轮公司是一家制造企业,有着良好的财务预算制度。20×2 年第四季度,公司准备编制 20×3 年度的预算。公司 20×2 年末的资产负债表预计如表 9-22 所示。

表 9-22　　　　　　　　　　杭汽轮公司资产负债表
20×2 年 12 月 31 日　　　　　　　　　　单位:元

项　目	金额	项　目	金额
流动资产			
现金	50 000	流动负债	
应收账款	25 000	应付账款	7 000
原材料存货	40 000	合计	7 000
产成品存货	44 000	所有者权益	
合计	159 000	股本	150 000
固定资产		留存收益	30 000
土地	26 000	所有者权益合计	180 000
房屋及设备	24 000		
减:折旧	22 000		
合计	28 000		
资产总计	187 000	负债及所有者权益总计	187 000

公司 20×3 年度预计资料汇集如下:

(1)公司只生产一种产品,销售单价为 1 万元,预计年度内 4 个季度的销售量经测算分别为 100 件、150 件、130 件和 120 件。根据以往经验,销货款在当季可收到 50%,其余部分将在下一季度收到。预计 20×3 年第一季度可收回上年第四季度的应收账款 25 000 元。

(2)公司每季季末存货量为下一季度销售量的 10%,20×3 年第一季度期初存货量为 10 件,20×3 年度第四季度期末存货量为 11 件。

(3)公司所生产的产品只需要一种原材料,单位产品消耗原材料定额为 2 千克,每千克单价为 1 000 元,每季度末的材料存货量为下一季度生产用量的 20%,每季度的购料款当季付 60%,其余款项在下一季度支付。预算年度第一季度应付上年第四季度赊购材料款为 7 000 元,估计预算年度期初材料存量为 40 千克,期末材料存量为 50 千克。

(4)公司在20×3年度所需直接人工工资率均为10元,单位产品需用直接人工工时为200小时,并且公司以现金支付的直接人工工资均于当期付款。

(5)公司在20×3年度变动制造费用为200 400元(其中间接人工10万元,间接材料5万元,水电费4万元,维修费1万元,机物料消耗400元),固定制造费用10万元(其中维修费2万元,折旧费2万元,管理费6万元)。公司的变动制造费用分配率按直接人工工时计算,以现金支付的各项制造费用均于当期付款;固定制造费用按季平均分配。

(6)公司在20×3年度预计变动销售及管理费用总计为30万元,按预计销售量计算分配率;固定销售及管理费用为20万元,按季平均分配。

(7)公司预算期内现金余额最低限额为5万元,最高限额为10万元。预计每季度支付股利2万元。在第一季度购置设备10万元,第二季度购置设备5万元,第三季度购置设备3万元,第四季度无设备购置。借款利率为年利率6%(假定借款期初借、期末还,按季支付利息,借款必须是1 000的整数倍)。预计预算期初现金余额为5万元。预算期按季度编制现金预算。所得税每季预交10万元。

资料来源:http://www.docin.com.

[要求]

根据以上资料编制杭汽轮公司20×3年度有关预算(编制销售预算表、预期的现金收入计算表、生产预算表、直接材料采购预算表、材料采购现金支出计算表、直接人工预算表、制造费用预算表、产品单位成本预算表、期末存货预算表、销售及管理费用预算表、现金收支预算表、预计损益表、预计资产负债表)。

任务五　开开公司预算编制

开开公司是一家零售商,正在编制12月份的预算,有关资料如下:

(1)预计的20×2年11月30日资产负债表如表9—23所示。

表9—23　　　　　　　　　　开开公司资产负债表

20×2年11月30日　　　　　　　　　　　　　　　　　单位:万元

资产	金额	负债及所有者权益	金额
现金	22	应付账款	162
应收账款	76	应付利息	11
存货	132	银行借款	120
固定资产	770	实收资本	700
		未分配利润	7
资产总计	1 000	负债及所有者权益总计	1 000

(2)销售收入预计:20×2年11月200万元,12月220万元;20×3年1月230万元。

(3)销售收现预计:销售当月收回60%,次月收回38%,其余2%无法收回(坏账)。

(4)采购付现预计:销售商品的80%在前一个月购入,销售商品的20%在当月购入;所购商品的进货款项,在购买的次月支付。

(5)预计12月份购置固定资产需支付60万元;全年折旧费216万元;除折旧外的其他管理费用均须用现金支付,预计12月份为26.5万元;12月末归还一年前借入的到期借款120

万元。

(6)预计销售成本率75%。

(7)预计银行借款年利率10%,还款时支付利息。

(8)企业最低现金余额5万元;预计现金余额不足5万元时,在每月月初从银行借入,借款金额是1万元的整数倍。

(9)假设公司按月计提应计利息和坏账准备。

资料来源:https://www.koolearn.com/shiti/tk-st-132895.html。

[要求]

计算下列各项的12月份预算金额:

(1)销售收回的现金、进货支付的现金、本月新借入的银行借款;

(2)现金、应收账款、应付账款、存货的期末余额;

(3)税前利润;

(4)计算12月末的资产总额、负债总额和所有者权益总额。

任务六 约翰牙科诊所的财务困境

不管从哪个角度看,约翰都是一位成功的牙科医生。他行医的诊所年创收入超过250 000美元,个人薪水为78 000美元。另外,几年前他投资了一家非常受欢迎的墨西哥餐馆T-R餐饮公司,并且成为公司唯一的所有者。由于有着良好的声誉和吸引力,该餐饮公司做起服装业务,以恐龙图案作为徽标。来自餐馆和服装业的收入要比约翰牙科诊所赚取的收入多得多。

事实上,约翰牙科诊所一直不断地接受来自T-R餐饮公司的资金注入。比如诊所经常难以用其内部收入支付工薪税和供应商的货款。最近,T-R餐饮公司的资金用来偿还了一家供应商的超过200 000美元的货款。

约翰医生受够了诊所对T-R餐饮公司的资金的不断需求,决定找出诊所财务困难的根源。他打电话到当地一家注册会计师事务所,要求请一位顾问来诊断一下诊所反复出现财务困难的原因。该事务所的一位合伙人史密斯花了一周的时间来检查诊所的会计记录,并同约翰医生进行了广泛的交谈。之后,他出具了一份报告,认为约翰诊所的财务困境是由于缺乏计划和控制造成的。

牙科诊所迫切需要预算控制。需要编制一套行动方案来帮助约翰牙科诊所摆脱财务困境。表9-24、9-25提供了约翰医生一个月的财务信息,可以帮助编制方案。

表9-24　　　　　　　　　　约翰医生1个月的收入情况表

项　目	平均收费(美元)	数量	合计(美元)
补牙	50	90	4 500
镶牙	300	19	5 700
清理牙根	170	8	1 360
架桥	500	7	3 500
拔牙	45	30	1 350

续表

项　目	收　入		
	平均收费(美元)	数量	合计(美元)
洗牙	25	108	2 700
X 光	15	150	2 250
收入合计			21 360

表 9—25　　　　　　　　　约翰医生 1 个月的成本情况表

项　目	金额(美元)
工资:	12 700
牙医助手 2 人	1 900
接待员/簿记员	1 500
保健人员	1 800
公关(约翰夫人)	1 000
本人工资	6 500
福利费	1 344
房屋租金	1 500
物料	1 200
门卫费	300
水电费	400
电话费	150
办公用品费	100
化验费	5 000
偿还借款	570
支付利息	500
杂项支出	500
折旧费	700
成本合计	24 964

福利费包括约翰医生的社会保险和全部雇员的健康保险费。虽然并非所有的收入都在当月收回,但是由于前几个月收入的收回,每个月的现金流入还是接近于该月的营业额。牙科诊所的营业时间为周一—周四,每天 8:30—16:00,周五 8:30—12:30,每周总计工作 32 小时,其余时间也是可以工作的,但是约翰医生还有其他工作,他不愿这么做。

约翰医生曾表示,两名助手并没有充分发挥作用。他估计他们只有 65%～70% 的时间是在忙工作。约翰医生的妻子每周大约要花 5 个小时来处理每月寄给所有病人的业务通讯,她还保存所有病人的生日表,以便在他们生日时寄去贺卡。

约翰医生每年参加研讨会的费用是 2 400 美元,这些会议主要是面向牙医,教他们如何提高收入。约翰医生证实从其中一个会议中得到启示,决定花钱搞宣传和公关(如业务通讯和生日表)。

资料来源：唐·R.汉森等.管理会计（第8版）[M].陈良华,杨敏,译.北京：北京大学出版社,2010.

[要求]

1. 请你为约翰牙科诊所编制月度现金预算。约翰牙科诊所是否面临严重的现金流转问题？如何用预算来向他解释出现财务困境的原因？

2. 利用第 1 题编制的现金预算和背景信息，推荐解决约翰牙科诊所财务困境的措施。为约翰牙科诊所编制一份反映这些建议的现金预算，以证明这些问题是可以解决的。

3. 你认为约翰牙科诊所会接受这些建议吗？

【问题思考】

1. "我们根据前一年的情况编制了下一年的年度预算；但是我们行业的形势变化得太快以至于年度预算还没有开始就已经过时了。"如果有可能的话，何种办法可以解决这一问题？

2. 许多小公司并不编制预算，认为他们规模很小，只需要记住所有的收入和支出。请评价这种观点。

3. 琳达是一名分公司经理，总公司根据预算业绩对她进行评价和奖励。如果分公司的实际利润介于预算利润和预算利润的 120% 之间，则她、她的助手和厂长都可以获得奖金。奖金按照实际利润的固定百分比发放。如果利润超过了预算利润的 120%，那么仍然按照 120% 的水平来发放奖金（换言之，奖金支付是有上限的）。如果实际利润少于预算利润，则得不到奖金。琳达可能的做法：

a. 琳达常常高估收入，低估支出。这种方法有利于分公司实现预算利润。琳达相信这种方法是合理的，因为它增加了获得奖金的可能性，同时也可以使管理者保持高昂的士气。

b. 假定临近年终时，琳达预见到分公司不可能实现预算利润。因此，她指示销售部门把一部分销售协议的成交递延到下一财年。同时，她还决定注销一部分几乎没有价值的存货。在没有奖金的年度里将收入递延至下年并注销存货可以增加下一年度获得奖金的可能性。

c. 假定临近年终时，琳达预见到实际利润可能超过预算的 120% 这个上限。她采取了与 b 中所述类似的做法。

(1) 她的这种做法是否符合职业道德以及做法是否正确？在促使她采取这种做法的过程中，公司担任了何种角色？

(2) 假定你是该分公司的市场营销经理，并且被要求递延部分销售的成交至下一财年。你将怎么办？

(3) 假定你是厂长，你清楚地知道你的预算已经被分公司经理虚报了。而且，虚报预算对厂长来说是很平常的事情，他们同意这种做法，因为这样有助于他们实现预算并获得奖金。你会怎么办？

(4) 假定你是分公司的会计负责人，分公司经理指示你加速摊销一些属于下期的费用。你会怎么办？

实训十 标准成本法

【知识结构图】

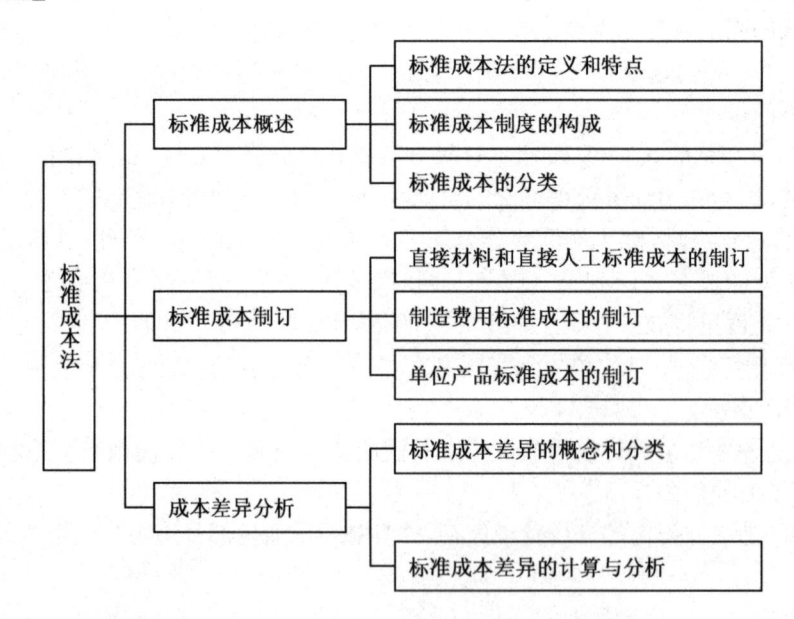

标准成本法
- 标准成本概述
  - 标准成本法的定义和特点
  - 标准成本制度的构成
  - 标准成本的分类
- 标准成本制订
  - 直接材料和直接人工标准成本的制订
  - 制造费用标准成本的制订
  - 单位产品标准成本的制订
- 成本差异分析
  - 标准成本差异的概念和分类
  - 标准成本差异的计算与分析

【知识的理解与运用】

一、单项选择题

1. 甲公司是一家模具制造企业,正在制定某模具的标准成本。加工一件该模具需要的必不可少的加工操作时间为 90 小时,设备调整时间为 1 小时,必要的工间休息为 5 小时。正常的废品率为 4%。该模具的直接人工标准工时是( )小时。

  A. 93.6   B. 96   C. 99.84   D. 100

2. 下列关于标准成本的表述中,正确的是( )。

A. 在标准成本系统中,直接材料的价格标准是指预计下年度实际需要支付的材料市价

B. 在成本差异分析中,数量差异的大小是由用量脱离标准的程度以及实际价格高低所决

定的

C. 如果企业采用变动成本计算,则不需要制定固定制造费用的标准成本

D. 利用三因素法分析固定制造费用差异时,固定制造费用闲置能量差异是根据生产能量工时与实际产量标准工时的差额,乘以固定制造费用标准分配率计算得出的

3. 下列各项内容中,不属于价格标准的是(   )。

A. 原材料单价　　　　　　　　　　　B. 小时工资率

C. 小时制造费用分配率　　　　　　　D. 单位产品直接人工工时

4. 若人工效率差异为 1 500 元,标准工资率为 5 元/小时,变动制造费用的标准分配率为 1.5 元/小时,则变动制造费用的效率差异为(   )。

A. 300　　　　　B. 200　　　　　C. 150　　　　　D. 450

5. 出现下列情况时,不需要修订基本标准成本的是(   )。

A. 产品的物理结构发生变化

B. 重要原材料和劳动力价格发生变化

C. 生产技术和工艺发生变化

D. 市场变化导致的生产能力利用程度发生变化

6. 某公司生产单一产品,实行标准成本管理。每件产品的标准工时为 3 小时,固定制造费用的标准成本为 6 元,企业生产能力为每月生产产品 400 件。7 月份公司实际生产产品 350 件,发生固定制造成本 2 250 元,实际工时为 1 100 小时。根据上述数据计算,7 月份公司固定制造费用效率差异为(   )元。

A. 100　　　　　B. 150　　　　　C. 200　　　　　D. 300

二、多项选择题

1. 在进行标准成本差异分析时,通常把变动成本差异分为价格脱离标准造成的价格差异和用量脱离标准造成的数量差异两种类型。下列标准成本差异中,通常应由生产部门负责的有(   )。

A. 直接材料的价格差异　　　　　　　B. 直接人工的数量差异

C. 变动制造费用的价格差异　　　　　D. 变动制造费用的数量差异

2. 下列关于固定制造费用差异的表述中,正确的有(   )。

A. 在考核固定制造费用的耗费水平时以预算数为标准,不管业务量增加或减少,只要实际数额超过预算即视为耗费过多

B. 固定制造费用闲置能量差异是生产能量与实际产量的标准工时之差与固定制造费用标准分配率的乘积

C. 固定制造费用能量差异的高低取决于两因素:生产能量是否被充分利用、已利用生产能量的工作效率

D. 固定制造费用的闲置能量差异计入存货成本不太合理,最好直接结转本期损益

3. 导致材料价格差异的原因有(   )。

A. 未按照经济采购批量进货　　　　　B. 不必要的快速运输方式

C. 违反合同被罚款　　　　　　　　　D. 操作技术改进而节省材料

4. 下列各项中,不属于"直接人工标准工时"组成内容的是(   )。

A. 由于设备意外故障产生的停工工时

B. 由于更换产品产生的设备调整工时
C. 由于生产作业计划安排不当产生的停工工时
D. 由于外部供电系统故障产生的停工工时

5. 甲公司制定产品标准成本时采用现行标准成本。下列情况中,需要修订现行标准成本的有(　　)。

　　A. 季节原因导致材料价格上升　　B. 订单增加导致设备利用率提高
　　C. 采用新工艺导致生产效率提高　　D. 工资调整导致人工成本上升

三、判断题

1. 理想标准成本考虑了生产过程中不能避免的损失、故障和偏差,属于企业经过努力可以达到的成本标准。（　　）

2. 在标准成本管理中,成本总差异是成本控制的重要内容。其计算公式是"实际产量下实际成本－标准产量下的标准成本"。（　　）

3. 直接材料的价格标准不包括购进材料发生的检验成本。（　　）

4. 直接人工标准工时包括直接加工操作必不可少的时间,不包括各种原因引起的停工工时。（　　）

5. 直接人工的价格标准是指标准工资率,它可以是预定的工资率,也可以是正常的工资率。（　　）

6. 固定制造费用和变动制造费用的用量标准可以相同,也可以不同。例如,以直接人工工时作为变动制造费用的用量标准,同时以机器工时作为固定制造费用的用量标准。（　　）

【案例分析】

示例　美声公司的业绩分析

美声公司是一家小规模的汽车配件安装公司,其主要业务是安装小轿车的音响。由于与供应商有长期合作关系,所有的音响配件都是按照相同的价格购入,但是如果配件遗失或者损坏的话,偶然也需要另行购买。所有音响的安装时间预算是一样的,每套音响安装收费504元。

10月份是一年中的营业旺季,美声公司将按照最大服务能力进行运作,这样该月能够安装500套音响。公司的标准成本是按照这个基础定制的,分配的基础是按照标准工时进行分配。10月份公司的标准成本资料和实际业绩分别如表10－1和10－2所示。

表10－1　　　美声公司10月份安装一套音响的标准成本资料

项　目	金额(元)
买入配件成本	160
直接人工成本:2小时,每小时人工费32元	64
变动制造费用:2小时,每小时20元	40
固定制造费用:2小时,每小时48元	96
单位总成本	360
成本加成率40%(标准利润)	144
标准价格	504

表 10-2　　　　　　　　　　　美声公司 10 月份实际利润表

项　　目	金额(元)
销售收入(540 套)	259 200
材料成本(550 套(已使用))	83 600
人工成本(1 000 小时)	34 000
变动制造费用	20 400
固定制造费用	56 000
总成本	194 000
销售毛利	65 200

资料来源：http://www.doc88.com/p-2406836110119.html。

[要求]

1. 编制美声公司 10 月份的营业利润调节表，把预算利润调节至实际利润。应列出每项成本和收入的两个差异。

2. 为美声公司的总经理编制一份简短的报告，评价美声公司 10 月份的业绩表现，说明在哪些方面需要取得进一步的信息，并指出重大差异发生的可能原因。

3. 简单讨论一下依赖差异分析来协助一家公司控制成本的不足之处。

[分析]

1. 首先根据表 10-1 和表 10-2 来计算分析美声公司 10 月份音响的实际售价和实际成本数据与标准数据。

每套音响实际售价＝259 200÷540＝480(元/套)

每套配件实际成本＝83 600÷550＝152(元/套)

实际工资率＝34 000÷1 000＝34(元/小时)

实际变动制造费用分配率＝20 400÷1 000＝20.4(元/小时)

固定制造费用实际数＝56 000 元

固定制造费用实际分配率＝56 000÷1 000＝56(元/小时)

固定制造费用预算数＝48×1 000＝48 000(元)

10 月份的预算利润＝144×500＝72 000(元)

10 月份的实际利润＝65 200 元

10 月份利润差异＝65 200－72 000＝－6 800(元)

然后根据前面分析的数据计算销售毛利差异和成本差异。

每套音响的标准价格 504 元，预算销售数量＝500 套，实际销售数量 540 套，每套实际价格 480 元。

销售差异分析：

销售差异＝销售数量差异＋销售价格差异

销售数量差异＝(实际销售量－预算销售量)×单位预算销售毛利

销售价格差异＝(实际销售价格－预计销售价格)×实际销售量

生产成本差异＝(实际单位成本－预计单位成本)×实际销售量

数据代入分析如下：

销售数量差异＝(540－500)×144＝5 760(元)(有利差异)
销售价格差异＝(480－504)×540＝－12 960(元)(不利差异)
销售收入差异＝5 760－12 960＝－7 200(元)(不利差异)
材料成本差异分析：
材料价格差异＝(152－160)×550＝－4 400(元)(有利差异)
材料数量差异＝(550－540)×160＝1 600(元)(不利差异)
材料成本差异＝－4 400＋1 600＝－2 800(元)(有利差异)
人工成本差异分析：
直接人工工资率差异＝(34－32)×1 000＝2 000(元)(不利差异)
直接人工效率差异＝(1 000－540×2)×32＝－2 560(元)(有利差异)
人工成本差异＝2 000－2 560＝－560(元)(有利差异)
变动制造费用差异分析：
变动制造费用开支差异＝(20.4－20)×1 000＝400(元)(不利差异)
变动制造费用效率差异＝(1 000－540×2)×20＝－1 600(元)(有利差异)
变动制造费用差异＝400－1 600＝－1 200(元)(有利差异)
固定制造费用差异分析：
固定制造费用预算差异＝56 000－500×2×48＝8 000(元)(不利差异)
固定制造费用能力差异＝(500－500)×2×48＝0(元)
固定制造费用效率差异＝(1 000－540×2)×48＝－3 840(元)(有利差异)
固定制造费用差异＝8 000－3 840＝4 160(元)(不利差异)
成本总差异＝－2 800－560－1 200＋4 160＝－400(元)
编制10月份的利润调节表，如表10－3所示。

表10－3　　　　　　　　　10月份的利润调节表

项　目	金额(元)
预算利润	72 000
加：销售差异	－7 200
减：成本差异	－400
实际利润	65 200

2. 10月份业绩表现的业绩分析报告。

从利润表里可以看出：(1)销售量比预计的销量增加40，上升了8%，但是销售价格下降了24元，下降了5%，销售收入比预算下降了7 200元，最终导致利润也下降了6 800元。公司需要查看是否有故意降低售价提高销量的嫌疑？原因是什么，是否是竞争压力所致？(2)配件的价格低于预算，但是实际耗用量比标准耗用量多，超过了10套，这也许是在正常范围内，但是由于数额较大，可能需要公司做进一步调查分析。(3)当月的工作量高于正常生产能力，而且比预算的效率节约80小时。小时工资率比预算高2元，这是由于技术性和非技术性人工组合的改变还是营业旺季加班的原因？(4)全部的变动制造费用比预算低了1 200元(6%)，由于数额较大，应做进一步调查。然而，对有利的差异不必花太多的注意力。(5)固定制造费用产量差异是由于实际业务量超过预算业务量的结果，是因营业旺季导致的，并没有特别原因。

然而,固定制造费用差异超支 17%(8 000/48 000),金额重大,需做出调查。其原因是什么?应由谁负责?(6)整体的表现是混合的。影响最大的单一原因是销售价格差异。而所有成本差异基本上自我抵消,但是如果能够改善那些不利的差异,利润便可进一步提高。

3. 依赖差异分析协助成本控制的不足之处包括:(1)报告的编制在时间上可能是延误的。在过去,这可能是两至三个星期。现在,由于信息技术发达,编制报告的时间可能大大缩短,甚至可能是即时的。(2)把数字合计在一起可能隐藏了一些需要注意的问题。(3)只适合相似或重复的生产运作模式。

任务一　哈龙医药公司的成本控制问题

哈龙医药公司的静脉注射产品分部经理米莉对该分部去年的业绩十分满意。在去年年初,分部引进了新的聚氨酯导管生产线,取代了旧的铁氟龙导管,销售额也因此翻了3倍多。市场对新导管的反应实质上重演了历史上的一幕:在静脉注射产品市场上,哈龙医药公司再一次确立了主导地位。

大约 30 年前,哈龙医药公司创始人哈龙就预见到,要有其他材料替代金属针管进行长期静脉注射。金属针管容易导致身体不适,并会损伤静脉。因此,哈龙发明了铁氟龙导管,铁氟龙导管是一种润滑塑料,并且很容易插入静脉。这项创新在医生那里反映良好,并由此导致一家新公司的诞生。公司的业务也扩展到许多医药品种。

多年来,新技术使哈龙公司居于市场主导地位。然而,专利期满后,其他公司所生产的铁氟龙导管进入市场,加剧了市场竞争,价格被迫下降,利润也越来越少。

不断下降的利润使米莉和其他高层管理人员研究铁氟龙导管继续生产的可能性。多年以前,医生就曾指出,在连续使用铁氟龙导管 24 小时以后,注射点附近区域很容易感染。哈龙公司的研究人员已经发现,问题在于人体的血液和组织与铁氟龙不相容。进一步研究表明,人体对不同塑料产生不同的反应。寻找比铁氟龙更具有生物相容性的材料的研究工作立即开展起来,进而发明了聚氨酯导管,此导管可以留在体内 72 小时,而铁氟龙导管只能连续使用 24 小时。

米莉清醒地知道,未来历史会重演,即其他公司还会生产出具有相似生物相容性的导管。实际上,哈龙公司的研究人员预计,竞争对手在 3 年内就会生产出与之相竞争的导管。然而,这次米莉决心要保住分部的市场份额。由于绝大多数病人都不需要注射 72 小时以上,因此进一步提高生物相容性,不大可能产生与过去相同的市场收益,价格竞争更为重要。价格上的竞争意味着成本控制将变得至关重要。过去,由于居于市场主导地位,分部并不注意控制产品的生产成本。现在,米莉相信,通过实施成本控制措施,几年后竞争重演时,分部将在价格上更具有竞争力。下面是她与分部总会计师瑞德的谈话。

米莉:"瑞德,预算体制是我们所采取的控制生产成本的唯一尝试手段吗?"

瑞德:"是的。但实际上它所起的作用并不大。我们从未认真确定过去成本应该是多少,也没有要求经理对成本负责。我们的盈利一直很好,资源也很充足。我想就因为我们一直很成功,所以忽略了成本控制。"

米莉:"是的,如果我们没有开发聚氨酯导管,那么资源也不会这么充足了。我担心,如果现在不采取行动控制生产成本,那么未来我们的资源就会短缺。如果可以通过改进成本控制获得更高的利润,我们应该去做。我希望我的工厂和生产经理们能够意识到他们对成本控制的责任。你有什么建议吗?"

瑞德："我们应该使预算制度更加规范。第一，预算要反映成本应当是多少，而不是一直是多少。第二，我们要让经理们参与确定有效的成本水平，在此基础上编制预算，并把奖金和晋级与预算制度结合起来，使经理人树立起成本意识。然而，我认为我们可以再进一步，通过建立标准成本制度来达到控制成本的目的。"

米莉："这不是要明确材料和人工的单位价格和用量标准吗？"

瑞德："从本质上说正是这样的。使用单位价格和用量标准，就可以确定每生产一个单位的产品所使用的人工、材料和制造费用的预计成本。这些标准是用来制定预算的，一旦有实际成本的介入，就可以使用单位价格和用量标准把预算差异分解为价格差异和效率差异。标准成本制度比使用正常成本计算的预算制度提供了更为详细的信息。我们可以让经理们对达到确定的标准负责。"

米莉："我认为我们分部需要这种成本制度。是让经理们树立成本意识的时候了。"

资料来源：https://www.doc88.com/p-9032008188979.html。

[要求]

1. 是什么原因促使米莉实施更加正规的成本控制体系？
2. 为什么标准成本制度提供了更为详细的控制信息？
3. 怎样使用标准成本进行成本控制？

任务二　米勒玩具公司的成本差异

米勒玩具公司在它的威斯伍德工厂生产一种塑料游泳池。该工厂正面临着问题，正如以下 6 月份的边际贡献格式的利润表所显示的（见表 10-4）。

表 10-4　　　　　　　　　米勒玩具公司 6 月份利润表　　　　　　　　　单位：$

	预　算	实　际
销售收入（15 000 个游泳池）	450 000	450 000
减：变动费用		
变动性销货成本①	180 000	196 290
变动性销售费用	20 000	20 000
变动费用合计	200 000	216 290
边际贡献	250 000	233 710
减：固定性费用		
制造费用	130 000	130 000
销售和管理费用	84 000	84 000
固定性费用合计	214 000	214 000
营业净收益	36 000	19 710

注：①包括直接材料、直接人工和变动性制造费用。

刚上任的威斯伍德工厂总经理杰奈特·杜恩，得到了一个"让事情处于控制之下"的指示。在阅读了该厂的利润表后，杜恩女士得出的结论是：问题主要在于变动性销货成本。她提供了如表 10-5 所示的每个游泳池的标准成本。

表 10-5　　　　　　　　　　　　每个游泳池的标准成本

项　目	标准数量或工时	标准价格或工资率/分配率	标准成本（$）
直接材料	3.0 磅	每磅 $2.00	6.00
直接人工	0.8 工时	每工时 $6.00	4.80
变动性制造费用	0.4 工时①	每工时 $3.00	1.20
标准成本合计			12.00

注：①基于机器工时。

杜恩女士已经确定，在 6 月份该工厂生产了 15 000 个游泳池并且发生了以下成本：
(1) 采购了 60 000 磅材料，成本是每磅 $1.95。
(2) 在生产中使用了 49 200 磅材料。（完工产品和在产品存货很少，可以忽略不计。）
(3) 工作了 11 800 个直接人工工时，成本是每工时 $7.00。
(4) 该月发生了总计 $18 290 的变动性制造费用成本，记录了总共 5 900 个机器工时。
该公司的政策是每月将全部差异结转至销货成本中。

资料来源：雷·H. 加里森等. 管理会计（原书第 11 版）[M]. 罗飞等译. 北京：机械工业出版社，2011.

[要求]

1. 为 6 月份计算以下差异：(1) 直接材料价格差异和数量差异。(2) 直接人工工资率和效率差异。(3) 变动性间接费用耗用和效率差异。

2. 假设你在上面第 1 题中计算的差异为该月显示一个总的净的有利的或不利的差异。这个数字对利润表有什么影响？列出计算过程。

3. 从你在上面第 1 题中计算的差异中选择两个最重要的，向杜恩女士解释这些差异的可能原因。

任务三　新兴机床附件厂成本控制

新兴机床附件厂有职工 800 人，主要产品为分度头，月生产能力为 800 只。该厂生产设备落后，成本管理较差。企业年初采用标准成本制度进行成本控制，为缩短与先进水平之间的差距，该厂以同行业的先进水平作为制定成本标准的依据，修改原有的定额指标，并以此考核职工的业绩。

1. 制订产品各成本项目的标准，如表 10-6～表 10-8 所示。

表 10-6　　　　　　　　　　　　材料标准成本

	标准用量（千克）	标准价格（元）	标准成本（元）
铸　铁	20	0.50	10
合金钢	5	2.60	13

表 10-7　　　　　　　　　　　　人工工资标准成本

	标准工时	标准工资率	标准成本（元）
平均工资级别	18	5	90

表 10—8　　　　　　　　　　　　　制造费用标准成本

变动制造费用			固定制造费用		
标准分配率	标准工时（小时）	标准成本（元）	标准产量（件）	预算费用（元）	标准成本（元）
0.1	180	18	800	32 000	40

企业对变动成本实行弹性控制,固定成本实行总额控制。

2. 该企业 7 月份计划产量 800 件,预算标准变动成本 104 800 元,固定成本 32 000 元,预计总成本 136 800 元。标准单位成本为 171 元。

实际执行的结果超过了预计的范围:实际成本高达 148 757 元,与标准总成本(实际产量×单位标准成本)比较成本差异达 15 377 元。为此,厂长派你深入各部门了解情况,分析成本差异,提出意见。

3. 从财务科了解到,自从实行标准成本制度以来,今年 1—6 月份的成本情况如表 10—9 所示。

表 10—9　　　　　　　　　　　　1—6 月份的成本表

月份	标准成本（元）			实际成本		
	变动成本	固定成本	合　计	实际产量（件）	实际总成本（元）	单位成本（元）
1	104 800	32 000	136 800	800	141 600	177
2	103 490	32 000	135 490	790	142 200	180
3	102 180	32 000	134 180	780	139 620	179
4	104 800	32 000	136 800	800	144 800	181
5	100 870	32 000	132 870	770	141 680	184
6	102 180	32 000	134 180	780	145 080	186

7 月份的产量和成本资料如下:

(1)实际产量:780 件

(2)材料耗用:

铸铁:18 000 千克　　　　实际成本:9 000 元

合金钢:4 400 千克　　　　实际成本:12 320 元

(3)工资支出:

实际工时:144 30 小时　　实际工资:74 593 元

(4)变动制造费用:15 444 元

(5)固定制造费用:37 400 元

从劳动工资科了解到:7 月份按国家规定给职工增加了工资,平均每人增加 4 元,共 3 200 元,其中生产工人 2 400 元,管理人员 800 元。

从生产计划科了解到,有近 60%的职工未能完成生产定额,厂里经常组织工人加班,并发给加班工资。

从供应科了解到,供应单位提高了合金钢的价格,每千克提高 0.20 元。

从设备部门了解到,上月新增两台设备,每台 100 000 元,月折旧率 4‰,替代四台不适用的旧设备,每台原值 30 000 元,月折旧率 4‰,新设备使用后,旧设备未及时处置。

另外,本月支出的各种捐款、资助费、社会事业费等计 3 000 元,比上月增加 1 倍,其他情况同上月份相差不多。

在深入各部门的过程中,还听到有些人对成本标准的议论:有人认为标准制定不合理;也有人认为标准是合理的,主要是执行的原因;也有人认为标准反映基本情况,有些情况是难以估计的,所以偏离标准是正常的,等等。

资料来源:https://wenku.so.com/d/5ce44946387fde9f4848196f814598cb。

[要求]

1. 计算分析差异的原因。
2. 对现行的标准进行评价,指出问题所在。
3. 针对问题所在,提出修改标准的建议。

任务四　加斯皮尔公司的差异分析及决策

加斯皮尔公司生产工业用的塑料容器。该公司的一位大客户使用型号 T-367 的塑料容器。因此,公司决定将一个专门生产型号 T-367 塑料容器的工厂设在客户工厂的街对面。为了确保成本控制,此工厂采用标准成本法。产品的标准成本如表 10—10 所示。

表 10—10　　　　　　　　　　　产品的标准成本

	标准数量	标准价格(分配率) (美元)	标准成本 (美元)
直接材料	10 磅	1.70	17.00
直接人工	0.6 工时	10.00	6.00
变动制造费用	0.6 工时	2.50	1.50
合　计			24.50

1 月的第一周,公司实际成本如表 10—11 所示。

表 10—11　　　　　　　　　　第一周产品的实际成本

项　目	数　量
产量	4 000 个
人工成本	26 500 美元
人工工时	2 500
材料采购和耗用	38 500 磅×1.72 美元/磅
变动制造费用	16 500 美元

其他资料如下:采购员发现了一种新的、质量更好的材料,并且这种材料在 1 月的第一周已经用于生产。同时,一种新的生产工艺也已经进入试用阶段,该项新工艺要求工人的操作技术更高一些。新材料对于人工的成本没有影响,而新的生产工艺可以使每个容器减少消耗材料 0.25 磅。

资料来源:杜学森.管理会计实训教程[M].南京:东南大学出版社,2005.(有改动)

[要求]

1. 计算材料价格差异和用量差异。假定和预计情况相同,材料少耗用0.25磅,并且其余的影响都归因于更高质量的新材料的使用。你是建议采购员继续使用这种质量的材料,还是采购原来正常质量的材料?假定终端产品的质量所受影响不大。

2. 计算人工工资率差异和效率差异。假定人工差异归因于新的制造工序,是否应该继续采用此工艺?回答该问题时,请考虑新工艺对减少材料耗用的影响,并解释原因。

3. 工业工程师认为,不应当在仅使用一周后就对新工艺进行评价。他的理由是工人们至少需要一周才能熟悉新的方法。假定第二周的产量相同,实际人工工时为2 200工时,人工成本为22 400美元。应当采用新工艺吗?假定差异归因于新工艺。如果每周产量4 000个,则预计年节约额为多少?(包括材料耗用减少的影响。)

【问题思考】

1. 预算和标准成本之间有什么区别?
2. 什么是理想的标准成本?什么是现实的标准成本?两者中,通常采用哪种?为什么?
3. 标准成本法如何提高控制成本的效果?人工工资率差异是不可控的。你是否同意这种说法?为什么?
4. 变动制造费用效率差异与变动制造费用的利用效率无关。你是否同意这种说法?为什么?
5. 何时应该对标准成本差异进行调查?
6. 对标准成本法主要的批评有哪些?
7. 针对对标准成本法的批评,你有什么建议修改标准成本法,使修改后的标准成本法更适合现在先进的制造公司?

实训十一　业绩评价与考核

【知识结构图】

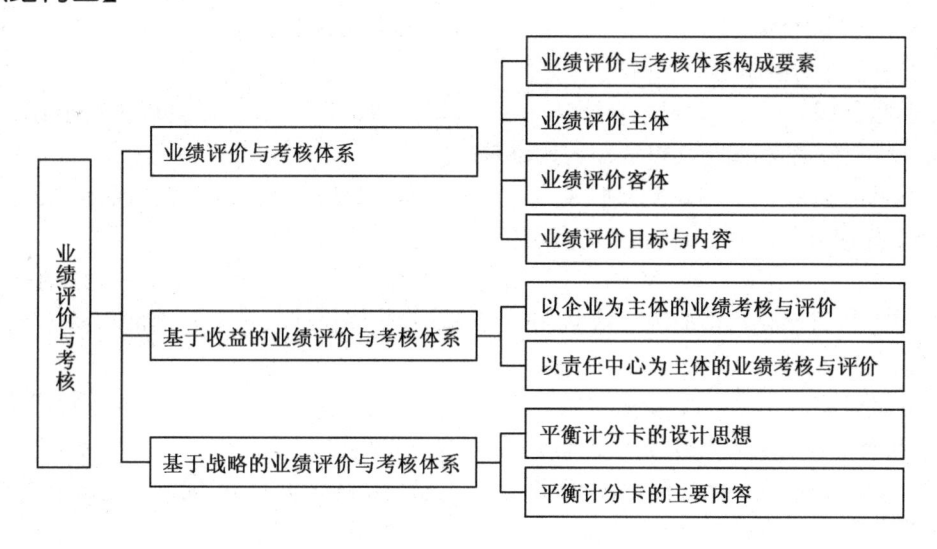

```
业绩评价与考核 ┬─ 业绩评价与考核体系 ┬─ 业绩评价与考核体系构成要素
              │                    ├─ 业绩评价主体
              │                    ├─ 业绩评价客体
              │                    └─ 业绩评价目标与内容
              ├─ 基于收益的业绩评价与考核体系 ┬─ 以企业为主体的业绩考核与评价
              │                              └─ 以责任中心为主体的业绩考核与评价
              └─ 基于战略的业绩评价与考核体系 ┬─ 平衡计分卡的设计思想
                                              └─ 平衡计分卡的主要内容
```

【知识的理解与运用】

一、单项选择题

1. 在下列财务业绩评价指标中,属于企业获利能力基本指标的有(　　)。
   A. 营业利润增长率　　　　　　　　B. 总资产报酬率
   C. 总资产周转率　　　　　　　　　D. 利息保障倍数

2. 用于评价企业盈利能力的总资产报酬率指标中的"报酬"是(　　)。
   A. 净利润　　　B. 营业利润　　　C. 利润总额　　　D. 息税前利润

3. 业绩评价的内容包括财务业绩定量评价和(　　)。
   A. 管理业绩定性评价　　　　　　　B. 盈利能力评价
   C. 资产质量分析　　　　　　　　　D. 企业债务风险分析

4. 某企业应收账款年周转次数为9次（假设一年按360天计算），则应收账款周转天数为（　　）天。

　　A. 30　　　　　　B. 40　　　　　　C. 80　　　　　　D. 240

5. 企业增加速动资产，一般会（　　）。

　　A. 降低企业的机会成本　　　　　　B. 提高企业的机会成本
　　C. 增加企业的财务风险　　　　　　D. 提高流动资产的收益率

6. 某企业的流动资产由现金、应收账款和存货构成。如果流动比率等于2，速动比率等于1，应收账款占流动资产的30%，则现金在流动资产中的比重为（　　）。

　　A. 10%　　　　　B. 20%　　　　　C. 30%　　　　　D. 50%

7. 若企业税后利润为150万元，所得税税率为25%，利息费用50万元，则该企业的已获利息倍数为（　　）。

　　A. 1.75　　　　　B. 3.75　　　　　C. 5　　　　　　D. 4.75

8. 在企业责任成本管理中，责任成本是成本中心考核和控制的主要指标，其构成内容是（　　）。

　　A. 产品成本之和　　　　　　　　　B. 固定成本之和
　　C. 可控成本之和　　　　　　　　　D. 不可控成本之和

9. 责任会计的主体是（　　）。

　　A. 管理部门　　　B. 责任中心　　　C. 销售部门　　　D. 生产中心

10. 投资中心的利润与其投资额的比率是（　　）。

　　A. 内部收益率　　B. 剩余收益　　　C. 部门边际贡献　　D. 投资报酬率

11. 下列项目中，不属于利润中心负责范围的是（　　）。

　　A. 成本　　　　　B. 收入　　　　　C. 利润　　　　　D. 投资效果

12. 作为内部转移价格的制定依据，下列各项中，能够较好满足企业内部交易方案管理需要的是（　　）。

　　A. 市场价格　　　B. 双重价格　　　C. 协调价格　　　D. 成本加成价格

13. 利润中心某年的销售收入10 000元，已销产品的变动成本和变动销售费用5 000元，可控固定成本1 000元，不可控固定成本1 500元。该利润中心的"部门可控边际贡献"为（　　）。

　　A. 5 000元　　　B. 4 000元　　　C. 3 500元　　　D. 2 500元

14. 某生产车间是一个标准成本中心。为了对该车间进行业绩评价，需要计算的责任成本范围是（　　）。

　　A. 该车间的直接材料、直接人工和全部制造费用
　　B. 该车间的直接材料、直接人工和变动制造费用
　　C. 该车间的直接材料、直接人工和可控制造费用
　　D. 该车间的全部可控成本

15. 下列各项中，适合建立标准成本中心的单位或部门有（　　）。

　　A. 行政管理部门　　　　　　　　　B. 医院放射科
　　C. 企业研究开发部门　　　　　　　D. 企业广告宣传部门

16. 各责任中心相互提供的产品采用协商定价的方式确定内部转移价格时，其协商定价的最大范围应该是（　　）。

A. 在单位成本和市价之间
B. 在单位变动成本和市价之间
C. 在单位成本加上合理利润以上,市价以下
D. 在单位变动成本加上合理利润以上,市价以下

17. 既能反映投资中心的投入产出关系,又可使个别投资中心的利益与企业整体利益保持一致的考核指标是( )。
A. 可控成本　　　B. 利润总额　　　C. 剩余收益　　　D. 投资利润率

18. 甲部门是一个利润中心。下列财务指标中,最适合用来评价该部门经理业绩的是( )。
A. 边际贡献
B. 可控边际贡献
C. 部门税前经营利润
D. 部门投资报酬率

二、多项选择题

1. 下列关于成长阶段企业业绩评价的说法中,正确的是( )。
A. 收入增长和实体经营现金流量是最重要的财务指标
B. 收入增长、投资报酬率和剩余收益类指标同等重要
C. 投资报酬率、剩余收益或经济增加值等长期业绩指标已经变得不太重要
D. 如果筹集资金比较容易,则实体现金流量相对不太重要

2. 下列关于市场增加值的说法中,正确的有( )。
A. 市场增加值是总市值和总资本之间的差额
B. 公司创建以来的累计市场增加值,可以根据当前的总市值减去累计投入资本的价值来计算
C. 上市公司的股权价值,可以用每股价格和总股数估计
D. 如果把一家公司看作是众多投资项目的集合,则市场增加值就是所有项目净现值的合计

3. 某公司投资一个项目,平均投资额500万元,持续时间1年,获取10%的报酬率,公司对该项目要求的回报率为10%。则下列说法中正确的是( )。
A. 会计利润为50万元
B. 剩余收益为0万元
C. 会计利润为0万元
D. 剩余收益为50万元

4. 公司业绩的财务计量的缺点有( )。
A. 财务计量是短期的业绩计量,可能会鼓励没有长期价值的作业或行为
B. 忽视价格水平的变化,使用历史成本的会计计量会歪曲经济现实
C. 忽视公司不同发展阶段的差异
D. 数据指标明确客观,利于评价

5. 可以衡量短期偿债能力的指标有( )。
A. 流动比率　　　B. 速动比率　　　C. 资产负债率　　　D. 应收账款周转率

6. 某企业流动比率为2.5,存货与流动负债之比为1.2,待摊费用与待处理流动资产损失为0,则下列说法中正确的有( )。
A. 存货占流动资产的48%
B. 速动比率为1.3
C. 营运资金大于零
D. 企业的偿债能力很强

7. 企业的应收账款周转率较高,说明( )。
   A. 收账迅速,账龄较短
   B. 资产流动性强,短期偿债能力强
   C. 可以减少收账费用和坏账损失
   D. 信用政策比较严格
8. 反映企业销售业务盈利能力的利润指标主要是( )。
   A. 主营业务利润
   B. 营业利润
   C. 利润总额
   D. 净利润
9. 影响净资产收益率的因素有( )。
   A. 资产周转率
   B. 资产负债率
   C. 销售净利率
   D. 流动负债与长期负债的比率
10. 影响总资产报酬率的因素主要有( )。
    A. 产品的售价
    B. 单位产品成本的高低
    C. 产品的销量
    D. 所得税税率
11. 企业提高主营业务利润率的途径主要有( )。
    A. 扩大主营业务收入
    B. 适当增加负债
    C. 降低成本与费用
    D. 降低所得税税率
12. 以下指标中可以衡量企业发展能力大小的有( )。
    A. 总资产增长率
    B. 销售增长率
    C. 销售利润率
    D. 净资产收益率
13. 平衡计分卡将公司的愿景分为多个维度,分别为( )。
    A. 财务
    B. 客户
    C. 内部流程
    D. 学习和成长
14. 甲公司将某生产车间设为成本责任中心,该车间使用的材料型号为GB007,另外还发生机器维修费、试验检验费以及车间折旧费。下列关于成本费用责任归属的表述中,正确的有( )。
    A. 型号为GB007的材料费用直接计入该成本责任中心
    B. 车间折旧费按照受益基础分配计入该成本责任中心
    C. 机器维修费按照责任基础分配计入该成本责任中心
    D. 试验检验费归入另一个特定的成本中心
15. 下列有关成本责任中心的说法中,正确的是( )。
    A. 成本责任中心不对生产能力的利用程度负责
    B. 成本责任中心不进行设备购置决策
    C. 成本责任中心不对固定成本负责
    D. 成本责任中心应严格执行产量计划,不应超产或减产
16. 下列各项中,影响剩余收益的因素有( )。
    A. 利润
    B. 投资额
    C. 利润留存比率
    D. 规定或预期的最低投资报酬率
17. 下列表述中,对各项成本表述正确的是( )。
    A. 变动成本都是可控的,固定成本都是不可控的
    B. 成本的可控与否,与责任中心的管辖范围有关
    C. 成本的可控与否,与责任中心的权力范围有关
    D. 直接成本大多是可控成本,间接成本大多是不可控成本

18. 下列各项中,属于成本中心特点的是( )。
    A. 只对责任成本进行控制　　　　　B. 只对直接成本进行控制
    C. 只考核本中心的责任成本　　　　D. 只对本中心的可控成本负责
19. 责任中心考核的指标包括( )。
    A. 可控成本　　B. 产品成本　　C. 利润　　D. 投资报酬率
    E. 剩余收益
20. 对投资中心考核的重点是( )。
    A. 边际贡献　　B. 销售收入　　C. 营业利润　　D. 投资报酬率
    E. 剩余收益
21. 下列成本差异中,通常应由标准成本中心负责的差异有( )。
    A. 直接材料价格差异　　　　　　B. 直接人工效率差异
    C. 变动制造费用效率差异　　　　D. 固定制造费用闲置能量差异
22. 判别一项成本是否归属责任中心的原则有( )。
    A. 责任中心是否使用了引起该项成本发生的资产或劳务
    B. 责任中心能否通过行动有效影响该项成本的数额
    C. 责任中心是否有权决定使用引起该项成本发生的资产或劳务
    D. 责任中心能否参与决策并对该项成本的发生施加重大影响

三、判断题

1. 经济增加值直接与股东财富的创造相联系。　　　　　　　　　　（ ）
2. 如果利息保障倍数低于1,则企业一定无法支付到期利息。　　　（ ）
3. 资产负债率与产权比率的区别在于,前者侧重于揭示财务结构的稳健程度,后者侧重于分析债务偿还安全的物质保障程度。　　　　　　　　　　　　　　（ ）
4. 产权比率越低,偿债的保障程度越高,所以企业应尽量降低产权比率。（ ）
5. 业绩评价的主体可以是企业最高管理层,也可以是一般管理层。　（ ）
6. 平衡计分卡注重非财务指标,否定了财务指标的衡量。　　　　　（ ）
7. 人为利润中心通常不仅要计算可控成本,而且还要计算不可控成本。（ ）
8. 某项会导致个别投资中心的投资利润率提高的投资,不一定会使整个企业的投资利润率提高;但某项会导致个别投资中心的剩余收益增加的投资,则一定会使整个企业的剩余收益增加。　　　　　　　　　　　　　　　　　　　　　　　（ ）
9. 行政管理部门适合建立酌量性成本中心进行成本控制。　　　　　（ ）
10. 投资中心处在责任层次的最高层。　　　　　　　　　　　　　　（ ）
11. 利润中心是以获得最大净利为目标的组织单位。　　　　　　　　（ ）
12. 对企业来说,几乎所有的成本都可以被视为可控成本。　　　　　（ ）
13. 一项对于较高层次的责任中心来说不可控的成本,对于其下属的较低层次的责任中心来说有可能是可控成本。　　　　　　　　　　　　　　　　　　　　（ ）

【案例分析】

示例 红商超市的经营分析

红商超市下设三个部门,最近经营不太景气,就收集了一些数据来分析问题所在。该超市的营业面积是 1 000 平方米,销售额为 8 000 万元,但是利润只有 50 万元。各部门的销售额和变动成本数据如表 11－1 所示。

表 11－1　　　　　　　　　红商超市 20×2 年财务数据　　　　　　　金额单位:万元

项　目	食品部	服装部	玩具部
销售额	3 550	2 400	2 050
销售成本	2 860	1 650	1 320
直接人工成本和广告费	240	340	540
营业面积(平方米)	210	360	430

另外,诸如水电费和管理费之类的间接成本是每年 1 000 万元,可按照各部门的营业面积来分摊,还可以按照销售额或别的标准来分摊。现在一家体育用品零售商有意租用该店 20% 的营业面积,开价为年租金 150 万元。

资料来源:https://wenku.so.com/d/2415a531f2b31c28fb45589f3c4cac4a。

[要求]

1. 用你自己认为合理的财务分析方法来判断三个部门的盈利状况和业绩表现。根据分析来给三个部门排名,并说明理由。

2. 试对当前(按营业面积)分摊间接成本和按销售额分摊间接成本两种方法加以评价,并列举其他可行的分摊方法。

3. 评价并讨论体育用品零售商关于租店面的提议。考虑一下该零售商店还有哪些方法可以选择。

[分析]

1. 从背景资料可以看出,每一个分部都是一个利润中心。根据表 11－1 和间接成本的分配方法,我们可以先计算出各个分部的盈利情况。然后再分析有关指标的情况。

各分部利润的计算详见表 11－2,其中间接费用按照面积来分配。

食品部分摊间接费用＝1 000×210/1 000＝210(万元)

服装部分摊间接费用＝1 000×360/1 000＝360(万元)

玩具部分摊间接费用＝1 000×430/1 000＝430(万元)

表 11－2　　　　　　　红商超市 20×2 年各分部的利润表　　　　　　　单位:万元

项　目	食品部	服装部	玩具部	合　计
销售额	3 550	2 400	2 050	8 000
减:销售成本	2 860	1 650	1 320	5 830
销售毛利	690	750	730	2 170
减:直接人工和广告费	240	340	540	1 120

续表

项　目	食品部	服装部	玩具部	合　计
边际贡献	450	410	190	1 050
减:间接成本	210	360	430	1 000
利润(亏损)	240	50	(240)	50

根据表11－2分析各分部的盈利能力。详见表11－3。

表11－3　　　　　　红商超市20×2年各分部的盈利能力分析

项　目	食品部	服装部	玩具部
销售毛利率(%)	19.44	31.25	35.61
边际贡献率(%)	12.68	17.08	9.27
营业面积(m²)	210	360	430
每平方米的边际贡献(元)	21 428.57	11 388.89	4 418.60
每平方米的销售额(元)	169 047.62	66 666.67	47 674.42
排名	1	2	3

从利润、边际贡献、边际贡献率和每平方米的边际贡献或每平方米的销售额指标都可以看出玩具部的盈利能力最差。

2. 如果我们用销售额来分摊间接成本,并不改变各分部的边际贡献,只会改变各分部的利润多少。具体见表11－4。

以销售额为标准来分配间接费用。

食品部分摊的间接费用＝1 000×3 550/8 000＝443.75(万元)

服装部分摊的间接费用＝1 000×2 400/8 000＝300(万元)

玩具部分摊的间接费用＝1 000×2 050/8 000＝256.25(万元)

表11－4　　　　　　红商超市20×2年各分部的利润表　　　　　　单位:万元

项　目	食品部	服装部	玩具部	合　计
销售额	3 550	2 400	2 050	8 000
减:销售成本	2 860	1 650	1 320	5 830
销售毛利	690	750	730	2 170
减:直接人工和广告费	240	340	540	1 120
边际贡献	450	410	190	1 050
减:间接成本	443.75	300	256.25	1 000
利润(亏损)	6.25	110	(66.25)	50

改变间接费用的分摊方法,只是使玩具部的亏损变小一些,仍然是三个分部里面盈利能力最差的一个分部。如果公司的变动成本确定基本正确,那么用边际贡献分析是最具科学性的,不受间接费用分摊方法的不同而影响评价结果。由于超市的店面租金是按照平方米支付的,

所以按照店面面积分摊成本和考查每平方米的盈利能力更合适。

从表11—3和表11—4可知,玩具部占整个超市面积超过40%,但是边际贡献只占边际贡献总额的18.1%,还不到边际贡献总额的20%,食品部和服装部每平方米的盈利能力都较强。管理层和玩具部应该共同商定办法来改变这种状况。

从给定的信息中我们看不出该超市在行业内的竞争情况如何。另外,还应该考虑各部门之间是否存在互补效应,比如顾客到食品部买东西是否会顺带买一些玩具或衣服。在对公司业绩进行分析评价时,应将这两种因素考虑在内,并对未来经营状况的改善决策具有影响。

本案例中按营业面积来分摊间接成本这种做法是符合财务会计原则的,也是一种比较传统的成本分配方法。一些诸如房租、保安费用和供暖费等费用与面积相关是可能的,但是管理费用却不一定相关。另外,在零售行业中,用零售营业面积来衡量业绩是一种很重要的做法,尽管这种做法不一定适合别的行业。

应注意的是,这里的间接费用在评价是否关闭某营业部时是不适用的。这些费用在短期内是不可避免的,分摊它们没有一个唯一正确的办法,因此上面的着眼点是在边际贡献而不是利润。

按销售额来分摊成本不太合适,尽管业绩较好的部门会因为销售额较高而分担更多的管理费用,但是这些费用和销售额的相关性是不强的。这样,出现的一个问题就是存在哪类成本以及这些间接成本存在的比例有多大。管理层提出这个问题确实很敏感,因为它可以帮助确定使用哪些成本作为分配基础。有人提出间接费用按销售额分摊因果关系不明显,确实,这样做给各部门也带来了一定消极作用。可以看出,哪个部门卖得越火,分摊的间接费用也就越多,也就容易在部门内部产生一种"不良情绪"。

除营业面积和销售额外,另外可行的分摊基础可以是员工人数、消耗能源水平等,然而它们侧重的是特定项目的成本,而不是所有的间接成本。可能出现的情况是不同地区需要人数不等的员工从事销售,因而可以按照人数来分摊某些成本。采取这种分摊方法可以使所有部门和经理们注意控制自己部门的人数总量。另外,还可以按照资源的耗用量来分摊成本,例如,食品部应该承担大部分的电费,因为它使用冰箱需要消耗大量的电力资源来保存储藏食品。

3. 体育用品零售商提出租店面的要求可以根据第1题中的计算结果即每平方米边际贡献来决策评价。该零售商想租的面积约等于一个食品部或半个玩具部的面积,如果按照食品部的业绩来计算,则他至少应该支付450万元的租金(等于边际贡献数)。但是如果按照玩具部的边际贡献来说,该营业面积的机会成本只有不足100万元,承租方出价150万元确实很划算(玩具部每平方米的边际贡献为4 419元,而承租方的报价为每平方米7 500元)。

按承租方报价来算,出让玩具部的面积是比较合适的,但是问题是玩具部剩余的一半面积是用来继续卖玩具呢还是卖点别的什么商品?他们确实应当考虑如何使用这块面积,而体育用品商租用店面的事本身就是一种启发:通过把目光转向别处,商店可以赚取超过150万元的利润,但同时,他们要考虑这样做可能出现的商品的互补性和竞争性问题。

其他值得考虑的选择方式是别的特许经营机会或者重组。超市完全可以特许经营其他商品,比如别的品牌的服装之类。这样做可以在不增加组织成本的情况下吸引更多顾客,但应注意不要和原来的商品发生冲突。另外,可以根据产品的季节性重组现有的产品系列,以便更有效地利用营业空间。重组可能会涉及仓库空间和更新摆放等问题,对此我们还没有任何信息。

任务一 天启公司的财务业绩评价

天启公司位于浙江省义乌市,主要产品是雨伞和雨披。近3年的主要财务数据和财务比率如表11-5所示。

表11-5　　　　　　　天启公司 20×0-20×2 年连续三年的财务数据

项　目	20×0 年	20×1 年	20×2 年
销售额(万元)	4 000	4 300	3 800
总资产(万元)	1 430	1 560	1 695
普通股(万元)	100	100	100
利润留存(万元)	500	550	550
股东权益合计	600	650	650
流动比率	1.19	1.25	1.20
应收账款周转天数	18	22	27
存货周转次数	8.0	7.5	5.5
债务/股东权益	1.38	1.40	1.61
非流动负债/股东权益	0.5	0.46	0.46
销售毛利率	20.0%	16.3%	13.2%
销售净利率	7.5%	4.7%	2.6%
总资产周转次数	2.80	2.76	2.24
总资产净利率	21%	12.972%	5.824%

该公司所得税税率为 20%,利润总额=毛利-期间费用。

资料来源:http://www.doc88.com.

[要求]

1. 分析说明总资产净利率下降的原因。

2. 分析说明总资产周转率下降的原因。

3. 计算 20×1 年和 20×2 年的毛利、期间费用、利润总额和净利润,并说明销售净利率下降的原因。

4. 假如你是该公司的财务经理,在 20×3 年应从哪些方面改善公司的财务状况和经营业绩。

任务二 三洋企业两个事业部的投资决策

三洋企业有两个事业部,均有自主投资权利,企业所得税税率为 25%。在不分摊总部资产的情况下,上年度资料如表 11-6 所示。

表 11—6　　　　　　　　　　三洋企业两个事业部的有关财务资料　　　　　　　　　　单位：元

项　目	A 部	B 部
利息支出	10 000	14 000
税后利润	12 000	21 000
平均资产占用额	200 000	240 000

资料来源：http://www.doc88.com.

[要求]

1. 计算各事业部的投资报酬率，并比较评价其绩效。

2. 如果三洋企业用投资报酬率作为考核各个事业部绩效的标准，各部均有一个 100 000 元的投资机会，估计每年需要支付利息 5 000 元，可增加税后利润 8 400 元，这一机会对哪个事业部最有吸引力？其投资后的投资报酬率将有何变化？

3. 如果该企业要求各事业部的最低报酬率为 15%，计算各事业部上年度的剩余收益，再确定该投资机会对哪一个事业部最好。

任务三　经济增加值在业绩评价中的应用思考

经济增加值（EVA）与其他衡量经营业绩的指标相比，有两大特点：一是剔除了所有成本。EVA 不仅像会计利润一样扣除了债权成本，而且还扣除了股权资本成本。二是尽量剔除会计失真的影响。传统的评价指标如会计收益都存在某种程度的会计失真，从而歪曲了企业的真实经营业绩。EVA 则对会计信息进行必要的调整，消除了传统会计的稳健性原则所导致的会计数据不合理现象，使调整后的数据更接近现金流，更能反映企业的真实业绩。因此，EVA 更真实、客观地反映了企业真正的经营业绩。

但是，简单地将经济增加值理解为越大越好，并且转为行动目标，则会误导企业掉进一个重大的风险陷阱。以下有几个实例可以说明这一点。

实例 1：A 上市公司，主营为工业废弃物和农林废弃物的无害化综合开发，环保技术和产品的开发。2010 年经济增加值为 4 610 833.96 元，但其构成为：经营性经济增加值为 -15 825 684.7 元，投资性经济增加值为 20 436 518.64 元。对经济增加值的贡献比为经营性增加值占比 -343.23%，投资性经济增加值占比 443.23%。这种构成比前提下的 EVA 越大越好吗？作为健康的企业来说，主业是经营，投资只是辅业，如果让辅业占据主体，这个企业的经营价值就微乎其微。另外，对外投资的不可控因素多，今年大盈，明年可能出现大跌。这样的 EVA 显然没有可持续性。如果以此为导向，则会出现重辅业、重投机、轻主业、轻积累的经营管理格局。久而久之，就会濒临破产的边缘。目前，A 企业已经资不抵债，退市出局。

实例 2：B 上市公司，主营为手机制造。2002 年，经济增加值为 959 530 431.8 元，可以排到上市公司经济增加值的前十名，其来源构成主要为手机经营，没有对外投资项目。因此，无论是总量还是其构成都值得称好。但自有资金极少，主要靠供应商的应付货款、销售商的预付货款支撑，无息负债占到总资产的 86%，投入充足率即投入资本占总资产比为 14%。这种情况下的 EVA 越大越好吗？由于自有资金少，在销售形势好的情况下，供应商、销售商的支持率很高，资金周转还畅通；但在销售形势不好的情况下，供应商、销售商都会紧缩应付预付款项，资金周转极为困难，企业跌入破产的风险性加大（著名品牌爱多 VCD 就是因此而破产）。B 企业在 2003～2004 年，由于手机返修率高，供应商、销售商等无息负债大幅缩减，从而出现了资金短缺,营业收入、经营利润大幅降低,经济增加值从正到负的情况,最后不得不退市。

资料来源:https://www.gaodun.com/cma/869703.html.

[要求]

1. 经济增加值是否在任何企业的任何时候都是最好的绩效评价指标?
2. 要使经济增加值起到最好的业绩评价作用,应该注意哪些问题?

任务四 杰斯皮尔公司的分公司之间家具产品的定价转移策略

杰斯皮尔公司拥有很多分公司,包括一家家具分公司和一个汽车旅馆分公司。汽车旅馆分公司拥有并经营位于公路旁边的一些经济汽车旅馆。每年该分公司会为旅馆的房间购买家具。目前,它从外部供应商那里以42美元的价格购买一种基本型的梳妆台。家具分公司经理卡瑞尔和汽车旅馆分经理吉奥吉见面,想商讨一下将梳妆台卖给汽车旅馆分公司的事宜。

卡瑞尔已经研究了梳妆台的成本并且确定成本如表11-7所示。

表11-7 梳妆台成本数据表 单位:美元

项 目	金 额
直接材料	8
直接人工	4
变动间接制造费用	3
固定间接制造费用	12
总生产成本	27

家具分公司目前拥有生产75 000张梳妆台的生产能力,但它只生产了60 000张。汽车旅馆分公司每年需要10 000张梳妆台。

资料来源:唐·R.汉森等.管理会计(第8版)[M].陈良华,杨敏,译.北京:北京大学出版社,2010.

[要求]

1. 如果从现有产品中转移1 000张梳妆台,最高转移价格是多少?最低转移价格是多少?转移应该发生吗?
2. 假设卡瑞尔和吉奥吉达成30美元的转移价格。每个分公司因此而获取了多少收益?对于整个公司来说呢?
3. 假设家具分公司全力进行生产,那么最高转移价格和最低转移价格是多少?在这种情况下转移应该发生吗?为什么发生?为什么不发生?

任务五 凯末尔公司的发动机转移价格确定

凯末尔公司的小型发动机分公司制造很多用于家庭和办公室电器的小马达。凯末尔的厨房用品分公司制造诸如搅拌机、榨汁机、咖啡磨具之类的电器。最常用的发动机型号是A28,其外部供应商的单价是2.30美元。厨房用品分公司经理和小型发动机分公司的经理进行了会谈,前者愿意购买150 000台A28型号的小型发动机。小型发动机分公司目前已经使用了全部生产能力,并以2.30美元的单价产销200 000台A28的发动机给外部顾客。

资料来源:唐·R.汉森等.管理会计(第8版)[M].陈良华,杨敏,译.北京:北京大学出版社,2010.

[要求]

1. 对于小型发动机分公司来说,最低转移价格是多少?对于厨房用品分公司来说,最高转移价格是多少?转移发生在内部,这很重要吗?如果转移确实发生了,那么转移价格是多少?

2. 现在假设小型发动机分公司的每台机器的销售费用是 0.20 美元。但是如果销售发生在公司内部的话,那么该成本就不会发生。确定对于小型发动机分公司来说最低的转移价格对于厨房用品分公司来说是最高的转移价格。内部转移会发生吗?如果发生,整个公司因此而获得了多少收益?

3. 假设你是小型发动机分公司的经理。如果销售发生在公司内部的话,每台机器 0.20 美元的销售费用不会发生。你会接受另一家公司 2.20 美元的报价吗?如果接受该价格,那么分公司获利(或亏损)是多少?

任务六 分厂经理的订单决策

森达公司的一分厂为利润中心,专门生产 A 部件,该部件可直接在市场上以 20 元价格出售,生产该部件的单位成本如表 11-8 所示。

表 11-8 A 部件单位成本　　　　　　　　　　　　　　　　　　单位:元

项　目	金　额
单位变动生产成本	10
单位固定制造费用	5
单位成本合计	15

该公司的二分厂生产 B 产品,在生产过程中每件 B 产品需用 1 件 A 部件,目前一直以 20 元的内部转移价格从该公司一分厂购买。B 产品的单位售价和单位成本资料如表 11-9 所示。

表 11-9 B 产品的售价和成本数据　　　　　　　　　　　　　　　单位:元

项　目	金　额
单价	100
成本:	
A 部件	20
其他材料	55
直接人工	5
变动制造费用	5
变动销售及管理费用	2
固定制造费用	3
固定销售及管理费用	5
利润	5

现有一客户向二分厂提出订购 10 000 件 B 产品。目前上述两个分厂均有剩余生产能力可满足该订单的要求。而且该订单无需销售及管理费用。但是该客户出价仅为 80 元。

资料来源：杜学森．管理会计实训教程[M]．南京：东南大学出版社，2005．

[要求]

1. 如果你是二分厂的经理，请你分析一下对该订单的处理意见。
2. 如果你是森达公司的经理，请你分析一下对该订单的处理意见。

【问题思考】

1. 单纯使用财务指标进行业绩评价存在哪些缺陷？
2. 如果某个企业应收账款周转率高达 50，你能说明导致应收账款周转率如此高的可能原因有哪些吗？
3. 如何理解"企业业绩评价要兼顾财务指标和非财务指标"这句话？
4. 考核评价指标从利润率到剩余收益到经济增加值的发展，说明了什么？
5. 经过多年的辛苦努力，刘刚经理一手将原来的小厂发展成现在拥有五个分公司的大企业。他习惯了以前的那种小厂管理方式——大事、小事，事事过问。公司上上下下的所有决策都经他之手来进行。尽管刘总经理每天忙得不可开交，但是公司还是一团糟。由于许多问题没能及时处理，分公司失去了不少客户和市场；由于整天急于应付大量繁杂的具体业务问题，他也没有精力去考虑企业的长远发展和战略规划，使得企业在同行业中的竞争地位日益下降。

(1) 你认为一个总经理的中心工作应该是什么？
(2) 刘总的困境应如何摆脱？
(3) 有人讲，越是大领导，干活越应该少。你怎样理解这句话？

知识的理解与运用参考答案

实训一

一、单项选择题
1. D   2. C   3. C   4. A

二、多项选择题
1. ABCDE   2. ABCE   3. ABC   4. ABCDE

三、判断题
1. √   2. ×   3. √   4. √

实训二

一、单项选择题
1. D   2. A   3. C   4. D   5. B   6. A

二、多项选择题
1. AB   2. CD   3. ADE   4. ABC   5. ABC   6. ACD

三、判断题
1. ×   2. ×   3. ×   4. √

实训三

一、单项选择题
1. C   2. D   3. B   4. C   5. B   6. D   7. B   8. C

二、多项选择题
1. DE   2. ABD   3. ABCD   4. AC   5. BCE   6. CD

三、判断题
1. √   2. ×   3. √   4. ×   5. ×

实训四

一、单项选择题
1. C   2. D   3. A   4. B   5. D   6. D   7. D   8. D

二、多项选择题

1. ABCD 2. BC 3. AC 4. ABCD 5. ABCD 6. ABC 7. ABD

三、判断题

1. × 2. √ 3. √ 4. × 5. ×

实训五

一、单项选择题

1. B 2. B 3. A 4. A 5. C 6. B 7. C 8. B 9. C

二、多项选择题

1. ABD 2. CD 3. ACD 4. ABC 5. ACD 6. ABCD

三、判断题

1. √ 2. × 3. √ 4. ×

实训六

一、单项选择题

1. C 2. A 3. A 4. C 5. D 6. A 7. C 8. A

二、多项选择题

1. ABCD 2. ABCD 3. AB 4. ABDE 5. ABC

三、判断题

1. √ 2. √ 3. × 4. × 5. √ 6. ×

实训七

一、单项选择题

1. A 2. C 3. C 4. B 5. D 6. C 7. B 8. B 9. D

二、多项选择题

1. CDE 2. BCE 3. ACE 4. BC 5. AB

三、判断题

1. × 2. × 3. × 4. √

实训八

一、单项选择题

1. D 2. C 3. B 4. D 5. B 6. B 7. C

二、多项选择题

1. ABC   2. ABC   3. ABC   4. BC   5. ABC

三、判断题

1. ×   2. ×   3. ×   4. √

实训九

一、单项选择题

1. A   2. C   3. D   4. C   5. C   6. B   7. D

二、多项选择题

1. ABCD   2. ABC   3. AB   4. BCD   5. ABC   6. ABC
7. ABCDE   8. BCD

三、判断题

1. √   2. √   3. √   4. √   5. √   6. √

实训十

一、单项选择题

1. D   2. C   3. D   4. D   5. D   6. D

二、多项选择题

1. BCD   2. ACD   3. ABC   4. ACD   5. ABCD

三、判断题

1. ×   2. ×   3. ×   4. ×   5. √   6. ×

实训十一

一、单项选择题

1. B   2. D   3. A   4. B   5. B   6. B   7. C   8. C   9. B   10. D
11. D   12. B   13. B   14. D   15. B   16. B   17. C   18. B

二、多项选择题

1. BD   2. ABCD   3. AB   4. ABC   5. AB   6. ABC   7. ABCD
8. AB   9. ABC   10. ABCD   11. AC   12. AB   13. ABCD   14. ACD
15. ABD   16. ABD   17. BCD   18. ACD   19. ACDE   20. DE   21. BC
22. BCD

三、判断题
1. √   2. ×   3. ×   4. ×   5. √   6. ×   7. ×   8. √
9. √   10. √   11. ×   12. √   13. ×

参考文献

1. 唐·R.汉森等. 管理会计(第8版)[M]. 陈良华,杨敏,译. 北京:北京大学出版社,2010.
2. 阿特金森等. 管理会计(第6版)[M]. 刘曙光,等,译. 北京:清华大学出版社,2011.
3. 雷·H.加里森等. 管理会计(原书第11版)[M]. 罗飞,陈辉,译. 北京:机械工业出版社,2011.
4. 特雷西.诺布尔斯等.亨格瑞会计学管理会计分册(第4版)[M]. 张永冀等译. 北京:机械工业出版社,2017.
5. 陆宇建,李冠中. 管理会计学(第2版)[M]. 大连:东北财经大学出版社,2011.
6. 罗艳琴,冯弋江. 管理会计实训教材[M]. 南昌:江西高校出版社,2009.
7. 杜学森. 管理会计实训教程[M]. 南京:东南大学出版社,2005
8. 杨学富等. 管理会计实训教程(第2版)[M]. 大连:东北财经大学出版社,2021.
9. 黄桂杰等. 管理会计学[M]. 上海:立信会计出版社.2008.
10. 曹惠民等. 管理会计[M]. 上海:立信会计出版社.2007.
11. 孙茂竹等. 管理会计学[M]. 北京:中国人民大学出版社.2004.
12. 周频等. 管理会计[M]. 大连:东北财经大学出版社,2015.
13. 中国管理会计网 http://www.chinacma.org.
14. 道客巴巴 http://www.doc88.com.
15. 豆丁网 http://www.docin.com.
16. 经管之家 http://bbs.pinggu.org.
17. 中国经理人 http://www.jinglibbs.com.
18. 中国经济学教育科研网 http://www.cenet.org.cn.
19. 圣才学习网 http://www.100xuexi.com.
20. 百度文库 http://wenku.baidu.com.